SAINT VINCENT DE COLLIOURE

et son Culte dans sa paroisse natale

SAINT VINCENT DE COLLIOURE

ET

SON CULTE DANS SA PAROISSE NATALE

Videte quoniam non soli mihi laboravi,
sed omnibus exquirentibus veritatem.
(ECCLÉSIASTIQUE, ch. 24, v. 47)

PERPIGNAN
IMPRIMERIE CATHOLIQUE DE J. COMET
Rue du Bastion Saint-Dominique

1885

SAINT VINCENT DE COLLIOURE

ET SON CULTE DANS SA PAROISSE NATALE

Le Roussillon peut se glorifier d'avoir produit des hommes recommandables, qui ont fait honneur à leur pays. Ses annales nous ont conservé le souvenir de compatriotes dignes de respect et de vénération. Nous comptons, parmi nos anciens Roussillonnais, des guerriers fameux, qui, particulièrement à l'époque des croisades, portèrent haut l'honneur de leur patrie ; des marins intrépides qui ont fait respecter bien loin le nom catalan.

Les vertus chrétiennes, les sciences dans toutes ses branches, les arts et l'industrie comptent chez nous des illustrations, mais la gloire la plus grande, la plus incontestable de notre beau Roussillon, c'est Collioure qui l'a produite. Cette plus grande gloire de notre pays, c'est saint Vincent de Collioure, né et martyrisé dans notre paroisse.

De toutes nos autres illustrations locales, aucune n'a reçu une consécration aussi grande que notre saint Vincent, car, seul, de tous les enfants du Roussillon, il a eu le mérite et la gloire d'être élevé sur les autels de l'Église catholique : et celle-ci est un juge très compétent et très juste ; elle s'y connaît en fait de mérite et d'héroïsme, et toute valeur re ommandée et consacrée par elle, n'est qu'une valeur de bon aloi, une valeur véritable et sincère.

Il est vrai que notre pays a fourni la belle solitude où saint Pierre-Urséolo, un autre saint reconnu par l'Église, est venu se sanctifier et mourir, mais c'est Venise qui donna le jour à ce saint, et celui-ci n'est arrivé à Saint-Michel de Cuxa qu'après avoir quitté sa patrie et la suprême magistrature dont il y était revêtu.

La grandeur et l'authenticité de cette gloire de Collioure résulte :

1º De la ligne suivante du Martyrologe romain, 19 avril : « *Caucoliberi in Hispaniâ Tarraconnensi, Passio sancti Vincentii martyris.* »

2º Du culte public toujours rendu, du moins à Collioure, avec l'autorisation implicite ou explicite de Rome, et sous les yeux des évêques d'Elne.

3º De la consécration du culte *sancti Vincentii Colliberitani* par Sa Sainteté le Pape Léon XIII, dans un décret de la Sacrée-Congrégation des Rites, du 22 avril 1880.

Examinons tout d'abord quelle est la valeur de chacun de ces témoignages.

Témoignage du Martyrologe romain.

On sait que le Pape saint Clément, disciple de saint Pierre lui-même, avait établi à Rome sept notaires, dont chacun, dans ses deux quartiers assignés de la ville, avait la charge spéciale de recueillir avec soin les interrogatoires de ceux qui étaient torturés pour la foi. C'était sur ces procès-verbaux ou actes, que les premiers chrétiens rédigeaient l'histoire des martyrs, histoire que l'on conservait ensuite dans les églises.

Saint Cyprien durant la persécution recommandait aussi de marquer soigneusement le jour où chacun aurait pris son martyre.

Par contre, Dioclétien, dans ses édits de persécution, ordonnait à ses agents de sévir non-seulement contre les personnes, mais aussi de raser tous les temples et de détruire par le feu tous les livres, papiers et documents qui pouvaient servir aux chrétiens.

Quoique plusieu.. les actes des martyrs eussent péri dans cette persécution, saint Eusèbe de Césarée en avait fait une nombreuse collection; malheureusement son recueil a été perdu, et, sauf un petit nombre d'actes qui avaient été conservés dans quelques églises, on n'avait plus à Rome, dès le temps du Pape saint Grégoire, au XIe siècle, que des catalogues des noms des martyrs avec la date de leur mort bienheureuse, c'est-à-dire des Martyrologes.

« Nous avons, dit ce savant et saint Pontife, les « noms de presque tous les martyrs, recueillis dans un « volume, et distribués dans tous les jours de l'année, « auxquels nous avons accoutumé de célébrer solennel- « lement la messe en leur honneur. Ce n'est point, ajoute- « t-il, que ce recueil contienne toutes les circonstances « de leur mort, ni les divers tourments qu'ils ont endurés; « on y a seulement marqué le nom du saint, le jour et le « lieu de son martyre. Ainsi l'on peut, chaque jour du « mois, honorer plusieurs fidèles de divers siècles et de « différentes provinces, comme ayant reçu ce jour-là « la couronne du martyre. (Fleury, *Hist.*, tome 8, page 115.)

Plusieurs historiens attribuent à saint Jérôme un Martyrologe qui était en usage à Rome au VIe siècle. C'est ce Martyrologe que M. Puiggari appelle dans le *Publicateur* de Perpignan du 18 Juin 1836, *le Martyrologe prototype*, et qui faisait mention, comme tous les autres venus après lui, de la localité de Collioure dès le IV° siècle, ainsi que de notre saint martyr.

M. de Saint-Malo a écrit aussi dans une note du *Publicateur*, 14 janvier 1837 : «Le Martyrologe que saint Jérôme
« n'a fait, selon Bède et Walfred-Strabon, que traduire en
« latin (Butler, 30 sept.), porte après plusieurs saints
« d'Arménie, le 19 avril : *Caucoliberi, natalis sancti Vincentii.* Sous la même date, Butler inscrit après d'autres
« martyrs : saint Vincent à Collioure, en Catalogne. »

Le vénérable Bède écrivait un autre Martyrologe vers l'an 730.

Bientôt après fût rédigé à Rome le Petit Martyrologe.

Vers l'an 830 parût celui de Florus, qui n'est que le Martyrologe de Bède augmenté.

Celui de Raban-Maur et celui de saint Adon (860) contiennent diverses augmentations à ceux de Bède et de Florus.

Notker, Bellinus, Maurolycus, Galesimus signalent le martyre de saint Vincent à Collioure (Voir les Bollandistes au 19 avril).

Le savant chanoine Dorca, que l'*Espana sagrada* traite de « scrupuloso hasta la nimietat », cite plusieurs Martyrologes, entr'autres ceux de Lucques et d'Anvers ou le martyre de notre saint compatriote est exprimé en ces mots, toujours à la date du 19 avril : « *Caucoliberi, natalis sancti Vincentii.* » (Vol. des Martyrs de Gérona, page 57).

Dans la célèbre abbaye de Corbie, près Soissons on y lisait un Martyrologe de saint Jérôme, rendu public par les soins de Dom d'Achéry (*Spicilège*, tome 2) faisant aussi mention de notre saint Vincent.

Le département de la Somme possédait encore anciennement une autre grande abbaye, celle de saint Riquier, qui avait aussi son Martyrologe : « *Martyrologium cenobii sancti Richarii,* » où l'on lisait au 19 avril :

« *Apud Septimaniam Caucoliberi, sancti Vincentii confes-*
« *soris, cujus acta habentur.* »

Dans une édition du Martyrologe de saint Adon im-
primée à Rome en 1745, annotée par le savant Dominique
Georgi, celui-ci fait remarquer, à la date du 19 avril et
au sujet de notre saint Vincent, que dans les manuscrits
qu'il a vus, on lit, non « *Hispanie,* » comme dans le
texte imprimé, mais bien : « *Apud Septimaniam* », question de géographie ancienne qui ne saurait porter aucune
confusion sur l'identité de notre Collioure, et la confirme
au contraire.

Mais le Martyrologe usité le plus longtemps à Rome a
été celui d'Usuard, moine de Saint-Germain-des-Près qui
le publia en 875, en complétant Florus. En outre des
martyrs proprement dits, tous les Martyrologes relatent
le nom d'autres saints et saintes tenus aussi en honneur
dans l'Eglise.

Le Martyrologe d'Usuard a servi de base principale, sans
toutefois négliger les autres recueils connus au célèbre
cardinal Baronius, dans son travail de révision de notre
Martyrologe romain. L'œuvre du savant cardinal parût
d'abord à Rome en 1566 ; puis à Venise, 1587-1597, in-4° ;
à Anvers, 1589, in-folio, sous le titre : « *Martyrologium*
» *Rom. restitutum, Gregorii XII jussu editum cum notis*
» *Cœs. Baronii.* (Dictionnaire Goschler, Baronius).

Enfin la liste officielle des héros de l'Église catholique a
subi une dernière révision dans un travail personnel du
grand pape Benoît XIV. Le roi du Portugal, Jean V, voulut
payer les frais de cette publication. (Goschler, mot
Benoît XIV)

Et dans chaque chapitre canonial, on lit tous les jours,
à prime, la liste des martyrs et des saints inscrits pour
ce jour-là.

Une circonstance qui fait ressortir la légitimité de l'inscription de notre saint Vincent sur le catalogue officiel de l'Eglise catholique nous est révélée par les éditeurs du Martyrologe d'Usuard (Lyon, 1867). On y lit en effet au 19 avril : « Dans la ville de Collioure, la passion de saint Vincent, martyr. » Et aux observations : « Vincent est « connu des Martyrologes Hiéronimiens, mais non du « petit Martyrologe romain. Adon l'a pris des premiers « sans rien ajouter non plus qu'Usuard, probablement « parce qu'ils n'avaient pas vu d'Actes. Il n'en existe « que de récemment fabriqués, etc. »

Nous parlerons plus loin de la perte des actes du martyre de saint Vincent de Collioure et de l'existence d'actes déclarés « suspects » par les Bollandistes, trouvés à Ségovie, en Espagne.

Mais retenons bien ceci, et constatons :

1° Ce grand fait historique que : « Vincent est connu « des Martyrologes Hiéronimiens (voir plus haut) », c'est-à-dire des Martyrologes qui remontent au IVe siècle et que ces recueils appelés Hiéronimiens (quoiqu'il y en ait qui ne les attribuent pas à saint Jérôme, entr'autres les Bollandistes) s'expriment tous ainsi : « *Cocoliberi,* « *seu Caucoliberi, passio sancti Vincentii martyris.* » (Bollandistes, 19 avril.)

2° Que tous les autres Martyrologes venus postérieurement contiennent la même indication : « *Similia habent* « *Rabanus, Ado, Notkerus, Bellinus, Maurolicus, Galisi-* « *mus, et alii recentiores cum hodierno Martyrologio* « *romano (Ibidem.)*

3° Qu'il n'y a qu'une seule exception à ce fait général, le silence du Petit Martyrologe romain du VIIIe siècle. Or ce silence peut très bien s'expliquer par un motif d'abréviation dans une œuvre qui s'intitule Petit Martyrologe ou Martyrologe abrégé ; et que, même dans la supposition d'une exclusion fondée sur une absence de droit, cette exclusion, loin de prouver contre notre saint, aurait tourné à sa gloire, car sa réintégration ultérieure ne pourrait se concevoir qu'après des enquêtes spéciales, des preuves les plus convaincantes et la production de documents les plus indiscutables en faveur de notre saint martyr.

Concluons donc pertinemment, et affirmons toujours, que le fait du martyre de saint Vincent est historiquement certain en vertu de la valeur historique du Martyrologe romain.

Mais ne pourrait-on pas dire que le Martyrologe romain est un livre dogmatique, c'est-à-dire que ses assertions rentrent dans le domaine de la Foi, attendu la sollicitude constante de l'Eglise pour lui, et les prescriptions liturgiques dont il a été honoré ?

En réponse à cette question, il y a à observer que le Martyrologe romain contient trois catégories de saints :

1º Ceux dont la sainteté est constatée dans les Saintes-Écritures, exemple : la Très-Sainte-Vierge, saint Jean-Baptiste, saint Joseph, saint Pierre et saint Paul avec les autres apôtres, sainte Marie-Madeleine, saint Lazare, etc., etc., et tous les justes du Nouveau-Testament mentionnés dans les Livres canoniques, avec les saints Patriarches et Prophètes de l'ancienne loi, Abraham, Isaac et Jacob, etc., etc. Ceux-là ont été canonisés par le Saint-Esprit Lui-même et leur sainteté est du domaine de la Foi.

2º Les saints qui ont été inscrits par ordre spécial des divers Souverains-Pontifes, à la suite de leur déclaration officielle de sainteté. Ceux-là appartiennent aussi à la Foi catholique.

3º Les saints qui ne peuvent se classer dans aucune des deux catégories précédentes.

Les indications du Martyrologe concernant les saints de cette troisième catégorie n'appartiennent pas au domaine de la Foi, et ne sortent point du domaine purement historique. L'Église ne les couvre point de ses prérogatives, et n'entend les garantir nullement. C'est ce que nous enseigne Benoît XIV dans son grand ouvrage *De canonisatione sanctorum*, et il le confirme de son autorité de Pontife dans ses lettres apostoliques *Postquàm intelleximus*, 1er juillet 1745. « *De nova Martyrologii romani editione.* »

Ce grand pape, au chapitre XIX, nos 14, 15, 16. Lib. IV, Pars. II, *De canonisatione sanctorum*, après avoir exposé l'opinion de ceux qui soutiennent : « Descriptionem in Martyrologio romano cultum ecclesiasticum signifi
« care.... cencere debere canonisatos ab universâ
« Ecclesiâ et Summis Pontificibus, omnes illos qui in
« Martyrologio romano continentur.» Après avoir rapporté les divisions des cardinaux qui eurent à examiner cette question, il ajoute, en établissant et développant sa conclusion :

« Si meus sensus in hâc disputatione exquireretur,
« dicerem 1º Descriptionem alicujus nominis in Marty-
« rologio romano ad historiam gestorum pertinere ;
« 2º Legendum utique esse in choro Martyrologium
« romanum ; sed neque ex nominis descriptione, neque
« ex lectione in choro, spectatâ utriusque rei naturâ,
« argumentum inferri ad publicum cultum auctoritate
« Ecclesiæ demandatum aut permissum in universâ
« Ecclesiâ. »

Et ailleurs : Ibid., chap. XVII, nº 9 : « Asserimus Apos-
« tolicam Sedem non judicare inconcussæ esse et certis-
« simæ veritatis quæcumque in Martyrologium romá-
« num inserta sunt. Quod et optimè colligitur ex muta-
« tionibus et correctionibus a Sanctâ ipsâ Sede deman-
« datis.... Insuper monemus aliud esse canonisationis
« judicium, aliud appósitionem nominis in Martyrologio

« romano, atquè adeo ab errore, qui fortè contigerit,
« non rectè inferri in judicio quoque canonisationis
« errorem contingere posse. — « Illud tantum dicimus
« per hæc non minui auctoritatem, Martyrologii romani
« opera tot illustrium virorum emendati....... Illud
« quoque animadvertimus etsi aliqua in Martyrologio
« occurant correctione digna, non esse cujusquam
« agere censorem, sed Ecclesiæ judicium est expen-
« tandum. »

Dans les lettres apostoliques citées plus haut, Benoît XIV
se déclare résolu à ne corriger que les fautes survenues
depuis les travaux de ses prédécesseurs, par le fait des
typographes ou des particuliers, comme aussi à ne permettre que les insertions nécessitées par les jugements
postérieurs de l'Eglise.

C'est là un éloquent témoignage de la plus haute estime
pour le Martyrologe romain.

La doctrine de Benoît XIV a reçu une éclatante
confirmation par un décret de Pie IX, du 1er septembre 1870.

Le P. de Buck, un des principaux Bollandistes
modernes, ayant contesté le martyre de sainte Eusébie
inscrite au Martyrologe le 29 octobre, l'évêque de Bergame
porta la question devant la Sacrée-Congrégation des Rites,
à cause de l'émotion que cette opinion nouvelle pourrait
causer dans son diocèse dont sainte Eusébie est la
patronne.

La Sacrée-Congrégation répond : « Argumenta allata a
P. de Buck.... nihil probant. » La réponse est confirmée
par Pie IX, qui ordonne de joindre à sa publication l'avis
suivant : « Mandavit insuper Sanctitas sua ut admoneantur
« omnes cultores studiorum historiæ ecclesiasticæ et
« sacræ archeologiæ ut quandocumque agitur de sanctis
« vel beatis qui approbante S. Sede sunt in possessione

« publici cultus ecclesiastici, cautè se gerant, ac præ
« oculis habeant regulas hâc de retraditas a Benedicto XIV
« in Litteris Apostolicis de novâ Martyrologii romani
« editione, n° 2, 18. De servorum Dei beatificatione et
« canonisatione, Lib. IV, Par. II. Cap. XVII, n° 9 et 10. »

Nous venons de citer quelques-uns des textes indiqués.

Poursuivant un dessein tout opposé à celui du P. de Buck, nous ne voulons pas moins nous avancer *cautè*, et conformer en tout notre doctrine aux enseignements des Souverains-Pontifes, particulièrement à la doctrine de Benoît XIV sur le point qui nous occupe.

Point de garantie aucune de la part de l'Eglise dans le domaine de la Foi, ni même sur le terrain historique, relativement aux saints du Martyrologe qui n'appartiennent qu'à la troisième catégorie dont nous avons parlé, et dans laquelle se trouve compris notre saint compatriote martyr.

Mais aussi nous aimons à répéter avec le même Benoît XIV : « *Illud tantum dicimus per hœc non minui auctoritatem Martyrologii romani* » vis-à-vis des autres livres qui ne nous viennent pas d'inspiration divine.

Notre Martyrologe, à raison de son antiquité, de la vertu, du savoir et de la compétence de ses collaborateurs, à raison de l'estime des Souverains-Pontifes des révisions savantes qu'il a subies, et des prescriptions liturgiques dont il a été l'objet, doit être tenu en plus grande considération et respect que tout autre livre manquant de semblables recommandations.

Et nous estimons bien sincèrement que les Chartres les plus prisées des plus grands rois, fussent-elles signées de la main de Charlemagne ou de saint Louis, ne sauraient conférer une noblesse ou un honneur approchant la gloire dont le martyrologe revêt, dans sa seule ligne du 19 avril, l'illustre enfant de Collioure et sa patrie. »

Témoignage de la possession du Culte public toujours rendu à Collioure.

Le témoignage du Martyrologe romain en faveur de notre saint Vincent est bien considérable, nous venons de le voir: non moins considérable est encore celui qui résulte de la possession d'un culte public à Collioure, dont l'origine ne peut que remonter au jour du martyre.

Seize cents ans de prières, de sacrifices en l'honneur de saint Vincent; l'existence d'une chapelle à lui dédiée dans notre église paroissiale, constatée par des documents authentiques remontant jusqu'en 1312; l'établissement d'un bénéfice attaché depuis plusieurs siècles à cette chapelle de saint Vincent, et cela sous les yeux de l'évêque d'Elne, et avec l'approbation au moins tacite de Rome; tout cela, que nous prouverons plus loin dans un paragraphe spécial, forme un faisceau de preuves et de témoignages que l'esprit le plus prévenu est incapable de nier ni d'amoindrir.

Toutefois, avouons encore que la foi et les pratiques de la petite église de Collioure ne sauraient constituer ni un dogme ni même élever au-dessus du terrain historique la question de la légitimité du culte de saint Vincent. Une autorité indiscutable manquait à sa consécration, et, hâtons-nous de le dire, ce témoignage indiscutable, souverain, lui a été donné plus récemment, le 22 avril 1880, par Sa Sainteté Léon XIII.

Nous disons « plus récemment » parce qu'en effet il n'est pas possible de croire que le culte public de saint Vincent se soit pratiqué pendant seize siècles dans notre paroisse, à la porte d'Elne, sans une autorisation certaine des Souverains-Pontifes, bien antérieure à celle dont nous avons aujourd'hui le texte.

De l'approbation du Culte de saint Vincent par le Souverain-Pontife Léon XIII.

Consécration définitive de ce Culte.

De tous les témoignages qui déposent en faveur du culte de saint Vincent, aucun ne saurait prétendre à l'importance, à la valeur du témoignage de Notre Saint-Père le Pape Léon XIII, témoignage consigné dans un décret de la Sacré-Congrégation des Rites, en date du 22 avril 1880.

Sa Grandeur Monseigneur Caraguel, notre Evêque bien aimé, qu'une mort prématurée vient d'enlever à notre diocèse, ayant présenté à la ratification du Souverain-Pontife un nouveau Propre du Diocèse, l'examen en fût soumis à la Sacrée-Congrégation des Rites, comme toujours. Celle-ci approuve et son décret est honoré et corroboré par l'intervention personnelle du Souverain-Pontife : « quam veró Sacræ Congreg. sententiam..... « Sanctitas sua ratam habens, concessit... etc. »

Ici, l'autorité de la Sacrée-Congrégation s'efface et disparaît devant l'autorité souveraine de Léon XIII ; ce n'est plus la Sacrée-Congrégation qui concède, mais bien « Sanctitas sua concessit. »

Cette approbation personnelle du Pape, dans un décret d'approbation de l'Office et de la Messe « sancti Vincentii « Colliberitani » dans le Propre du Diocèse, ne constitue pas sans doute un jugement spécial et solennel de canonisation de notre saint Vincent. Un acte de cette importance s'adresse toujours à l'Univers catholique, tandis que le décret du 22 avril 1880 ne concerne directement que les intérêts et besoins de notre diocèse. Mais aucun chrétien ne pourra dire que cette approbation ne suffise largement à nous garantir contre toute erreur sur le culte du saint martyr de Collioure.

Avec cet acte de Léon XIII disparaissent toutes les angoisses autorisées par Benoît XIV dans ses lettres apostoliques *Postquam intelleximus* 1er Juillet 1745. *De novâ Martyrologii romani editione*, et de son ouvrage *De Canonisatione sanctorum*, dont nous avons cité plus haut quelques extraits. Plus de craintes! et nous, Curé et paroissiens de Collioure, sommes certains aujourd'hui, d'une foi explicite et incontestable, que nous avons un compatriote intercesseur dans le Ciel et que nous pounous adresser à lui en toute sécurité et confiance.

Témoignage des Historiens.

Aux témoignages précédents qui n'ont besoin d'aucune confirmation, joignons, par surcroît, celui de tous les historiens catalans et espagnols.

« Ejusdem sancti Vincentii martyrium celebrant.
« Ambrosius Morales. Lib. 10. *Historiæ Hispaniarum.*
« Cap. 13.

« Joannes Marietta. Lib. 2. *Historiæ sanctorum His-*
« *paniæ.* Cap. 38.

« Franciscus de Padilla. Centuria 4. *Historiæ eccle-*
« *siasticæ Hispaniarum.* Cap. 18.

« Thomas de Trugillo *in Thesauro Concionatorum,*
« ad hunc diem.

« Et Antonius Vincentius Domenecus, Lib. 1. *Historiæ*
« *sanctorum Cataluniæ.*» (Bollandistes, 19 avril.)

Il nous serait bien difficile de citer tant de pages écrites en l'honneur de notre saint Vincent.

Chacun pourra vérifier et contrôler ces nombreux témoignages, s'il en sent le besoin.

Copions seulement Félix de la Peña dans ses *Anales de Cataluna*, (Barcelone, 1709, Liv. 6, Chap. 16.) —

« Comprueva la Fé catalana Vicente vencendor en Coli-« bre, y natural de ella. Residia este santo en su villa, « quando Daciano passando por aquel lugar quiso pro-« var su Fé, y logróle de tal suerte que le dió la corona » del martyrio.

« No refieran los libros la suerte del martyrio, solo se « cuenta entre los insignes de su nombre, para credito de « su victoria, que la conseguio per estos años de 297. » (*Equil.* lib. 2, Cap. fin. — Martyrologium, 19 aprilis. — Baronius, 19 aprilis. — Domenech, *Flos sanctorum de Cataluna*, Lib. 1, fol. 30.)

Mais le témoignage, à notre avis le plus important, celui que nous apprécions, à lui seul, plus que celui de tous les auteurs anciens espagnols tous ensemble, c'est le témoignage de l'*Espana sagrada*.

Cet ouvrage, fruit d'immenses recherches, se distingue parmi tous les autres de même genre par une critique juste, rigoureuse, savante. Véritable monument élevé à la gloire de l'Espagne la Catholique, il nous fait regretter profondément de ne pas posséder son pareil en France; car bien des pages qui sont encore aujourd'hui dévorées par les mites, ou déchirées par l'ignorance, seraient sauvées de l'oubli ou de leur perte pour la plus grande gloire de l'Eglise et de notre patrie.

S'il fallait en croire le savant Papebroch qui succéda à Bollandus dans la direction des *Acta Sanctorum*, ce ne serait pas à Gérone qu'auraient souffert le martyre saint Vincent, originaire, dit-on, de Juyá, avec son frère Oronce et quelques autres, mais ce saint qu'on vénère avec ses compagnons à Gérone, le 30 janvier, ne serait autre que saint Vincent, notre compatriote, martyrisé avec les autres susdits compagnons à Collioure, où se trouvait alors la résidence du Juge et le siège d'un Évêché.

« Hæc acta (des saints de Gérone), esse Sancti Vincentii
« cujus hodie (19 avril), Caucoliberi passi, antiquissima
« meminerunt Martyrologia, eo suademur, quod locus
« passionis talis describatur, in quo et Provinciæ Præses
« palatium, et sedem constitutam haberet Episcopus;
« quod cum nequeat de ipsa Gerunda intelligi, intelli-
« gendum est de aliqua celebri tunc temporis et vicina
« urbe, que fuerit Caucoliberis. »

Et ailleurs : « Quibus persuademur Vincentium Cauco-
« liberi passum, esse fratrem Sancti Orontii, cujus et
« sociorum corpora Ebredunum (aujourd'hui Embrun)
« ex suburbiis Gerundensis fuere translata. » (Bollandistes, 19 avril.)

Les auteurs de l'*Espana Sagrada*, tome 43, page 276, contredisent formellement les *Acta Sanctorum*, et, en s'appuyant sur des documents qu'il est impossible de recuser, ils disent : « Es claro que Vicente (celui que
« Gérone célèbre le 30 janvier, avec ses compagnons),
« era natural de Juyá, no de la cuidad dicha (Collioure).
« Ademas de esto, si se busca cuidad episcopal, lo era
« Gerona ciertamente, y de Coliubre (sea ó no la antigua
« Illiberis), se duda con graves fundamentos. »

Puis ils déclarent que : « nuestros mártyres (c'est-à-dire
« ceux de Gérone) no deben confundirse con santo Vi-
« cente de Coliubre, ni con otros del mismo nombre,
« seguns afirman los criticos de mejor nota. »

Incontestablement, il y a eu d'autres martyrs du nom de saint Vincent, mais la critique historique la plus sévère ne permettra jamais qu'on nous enlève notre plus grande gloire de Collioure, en voulant imposer silence à l'histoire pour l'empêcher de proclamer hautement le martyre de notre saint Vincent.

Témoignage fourni par la paroisse de Collioure

Et la paroisse natále de saint Vincent ne dira-t-elle rien en faveur de son enfant glorieux ?

Ne pourra-t-elle pas venir lui payer le moindre tribut d'honneur ?

Au milieu de tant de témoignages étrangers et désintéressés, n'aura-t-elle pas un témoignage quelconque pour la cause de son saint Vincent ?

Ah ! oui, certes ! et le témoignage que la paroisse de Collioure rendra en sa faveur, qu'elle déposera aux pieds de son saint, ainsi que devant l'histoire, ce sera le témoignage de la perpétuité de son amour, et de son culte public dans son église paroissiale.

Nos archives municipales attestent que l'église paroissiale ancienne, détruite, celle qui était sur les glacis du château, avait, en 1642, sa chapelle dédiée à son saint Vincent. On en lit la preuve sur le premier feuillet du registre des baptêmes de cette même année conservé à la mairie : « Llibre de Bapteigs de Coplliure, començant « a deu de juny, mil, sis cents, quarante, dos, en la « *capella de san Vicens*, instituida y fundada en la present « vila de Copllioure, laqual beney lo molt Reverent........ « (sans nom). »

La paroisse peut montrer avec orgueil le magnifique témoignage de la chapelle dédiée à notre saint en l'année 1714, dans notre église actuelle. Sur ce retable d'une facture si artistique, nos anciens voulurent représenter, non-seulement saint Vincent, mais encore les autres saints de Collioure, consacrés comme tels par la tradition, quoique n'étant point inscrits dans le Martyrologe.

« Al retaula de san Vicens la statua de la esquerra es « de santa Eladia, y la de la dreta es del beato Pere Sarda

« fill natural de Coplliure y fill de habit també del con-
« vent de san Domingo de dita vila, loqual fonch gran
« predicator y compañy de san Vicens Ferrer. » (manuscrit de M. Riera.)

La vie de notre bienheureux Dominicain se trouve
longuement écrite dans Diago : *Historia de los discipulos
de san Vicente*, folio 493, ainsi que dans le Père Domenech : *Flos sanctorum de Cataluna*, folio 48.

M. Riera nous a laissé une copie de cette vie : « Copió
« esta vida vuy als 7 de agost 1714, en temps que com ho
« dich se fa dit retaula nou de san Vicens. » Il nous cer-
tifie que d'après un manuscrit d'un docteur Argeïs : « En
« un llibre intitulat *Poblacio Catholica de Espana*, loqual
« dit segnor diu aver llegit es portat com san Vicens era
« casat ab Eladia que diu era també santa, y fa mentio de
« altras dos santas també de Coplliure Julia y Justa, no
« porta gens si Eladia fonch martyr, pero las nomena
« santas. » (Ibidem, Riera.)

Nous ne pouvons ne pas reconnaître nos saintes Julie
et Juste 1° dans les médaillons en relief du haut du retable et 2° dans les peintures du bas, avec sainte Eladie
au milieu.

Notre paroisse attestera encore, d'après les notes
manuscrites de Jean Riera et d'autres, qu'avant l'occupation française, elle possédait des reliques de son saint
martyr ; que ces reliques « estaban en una caixa posada
« alta en una paret de la iglesia. » (manuscrit de M. Cortade de la place) ; qu'elles furent retirées de l'église
paroissiale, au moment du siège et transportées au
Château, pour leur plus grande sûreté, comme un précieux trésor ; que le Gouverneur espagnol les emporta lors
de l'évacuation ; et que ces reliques furent déposées dans
l'église de Concavella, où fût érigé un autel à notre saint
Vincent de Collioure. « Lo senyor Joan Riera a posat en

« nota, que lo cos de san Vicens, en lo siti del añy 1641
« (il faut dire 1642) que pati esta vila, fou portat en lo
« Castell, y despres depositat en un lloch de Cataluña,
« anomenat *Concavella,* cosa que pot ser, despres lo dir
« de moltas personas ancienas que ho tenan igualment
« de llurs passats. » (Note manuscrite de M. Millet, ancien
curé de la paroisse, dans le précieux registre Arnau,
page 109, conservé chez Madame Veuve Gaspar Christine.)

Elle dira que, de temps immémorial, il y a eu à Collioure un bénéfice fondé sous l'invocation de notre saint.

Enfin, elle présentera un vieux parchemin, conservé
dans un registre cartulaire de notre Mairie, contenant
un inventaire authentique bien précieux aujourd'hui, du
mobilier de l'église paroissiale, en 1312.

« Acso es la vestimenta de l'igleysa de Madona sancta
« Maria de Cogliure laqual regonegren e atrobaren en la
« dita gleysa lo senyor de Prior en Johan Quila en ....
« (Bernat?) baus cossols del Casteil de Cogliure lo die de
« sent Alari en l'añy de Xpisto M.CCC.XII en presencia e
« en testimoni den R. Reg, capela de la dita gleysa e den
« R. Rog de Santa-Maria la mar, diaga de la dita gleysa.»

Et le dixième objet inventorié est : « Item, autre ferial
« miyanel *del qual fe hom pali al autar de san Vicens ab*
« *voluntat dels cossols.* »

Il y a à observer que les mots que nous avons soulignés
n'appartiennent pas à la première rédaction de l'inventaire, qu'ils y ont été intercalés peu de temps après par
une autre main et avec une autre encre, que quelques
autres articles ont été pareillement annotés, en interlignes, tels que :

« Item, autre Pali de sen Johan... etc.» avec l'annotation
interlinéaire : « fo desfeyt per fer paramens. »

« Item, autre mantel de sendat vermel, » pareillement
annoté : « fou desfeyt per paramens. »

Après l'inscription de « ii capes negres, la una de « badench l'autra de li, » on lit : « de la cape de li feron « paramens. »

Après : « ii dalmatiques listades » on lit : « de les quals « fe hom vestir d'acolitz. »

Ces annotations portent avec elles un caractère d'authenticité indiscutable. Elles ne sauraient être l'œuvre d'un faussaire ; et, en indiquant clairement qu'elles n'ont pas été écrites bien longtemps après l'inventaire, elles prouvent d'une manière péremptoire, l'existence dès le commencement du quatorzième siècle, d'un autel dédié à saint Vincent, dans notre église paroissiale.

Avec ces seules preuves en main, la paroisse de Collioure peut constater que le culte de son saint Vincent n'est pas nouveau pour elle ; que ce culte public ne date point de quelques centaines d'années ni de l'établissement de la procession actuelle que nous faisons sur mer, mais bien qu'il remonte et ne peut que remonter au jour même du martyre de notre saint compatriote.

Le culte d'un saint ne s'invente pas comme un roman ; certaines expressions, ou manifestations particulières d'un culte, peuvent se produire, et se sont produites dans le cours des âges, mais elles ont toujours leur fondement ou raison d'être dans un culte antérieur et réel, et tout au moins intérieur et profond, avant de prendre une forme extérieure : car cette forme extérieure n'est autre chose que l'expression d'un sentiment profond préexistant.

Si nos ancêtres qui ont fondé la première église paroissiale connue de Collioure, ont consacré une chapelle particulière à saint Vincent, c'est parce que déjà et avant ils avaient foi à sa sainteté et à sa protection. Et cette foi ne peut avoir commencé que le jour du martyre de notre saint.

La foi d'aujourd'hui à saint Vincent repose sur celle du

dix-huitième siècle ; celle-ci sur la foi du siècle précédent, ainsi de suite et la foi de tous les siècles ne peut se
comprendre et s'expliquer que par le fait certain, historique du martyre de saint Vincent à Collioure.

Saint Vincent de Collioure
et nos Historiens Roussillonnais modernes.

Celui-là se tromperait beaucoup, qui supposerait nos
historiens roussillonnais modernes célébrant à l'envi
la plus grande gloire de notre diocèse. Nos archéologues,
nos poètes, nos artistes en tout genre ont cherché d'autres inspirations que celles de la sainteté : les gloires
religieuses les intéressent peu. Aucun de nos poètes, de
nos peintres ou statuaires n'a jamais exercé son talent
en l'honneur de notre saint Vincent de Collioure.

Les archéologues ont discuté sur le lieu du passage
d'Annibal, sur les voies romaines et domitiennes qui
traversaient notre pays. Ils se sont battu les flancs et ont
dépensé beaucoup d'érudition pour indiquer le lieu où
était bâti le Temple de Vénus, etc., etc. Personne ne
s'est occupé de notre saint Vincent ; ou bien, si
quelqu'un en a dit un mot, ce mot a été un mot de doute
et de contradition pour ne pas dire d'insulte.

M. Puiggari nous apprend, dans le *Publicateur* du
18 juin 1836, que Jacques de Saint-Malo, le frère de
Jean-Baptiste de Saint-Malo, avait écrit « une dissertation inédite sur le martyre de saint Vincent de
Collioure. » Cette dissertation, que nous aurions tant aimé
à discuter, doit être encore la propriété de la famille de
Saint-Malo ; et il y a des raisons de croire que ce travail
ne concluait pas en faveur du fait historique du martyre
de notre saint, puisque nous serons obligé de combattre
Jean-Baptiste de Saint-Malo dans les quelques lignes

qu'il a écrites sur saint Vincent, lignes que nous avons lues dans ses *Etudes historiques* manuscrites, et que nous pouvons considérer comme l'écho, le résumé et la conclusion de la dissertation de son frère Jacques.

Mais ce qui est un véritable mystère, c'est le silence du chanoine Fortaner.

Dans le chapitre préliminaire de son Episcopologie, ce bon chanoine, traitant de l'origine et des progrès du christianisme dans le Roussillon, nous parle de plusieurs martyrs qui auraient souffert à Ruscino, martyrs non reconnus par l'Eglise romaine, tandis qu'il garde le silence le plus absolu sur notre saint Vincent de Collioure, le seul saint de notre pays inscrit sur le catalogue officiel des héros du christianisme.

Il semble cependant difficile d'admettre que **M.** l'abbé Fortaner ait ignoré l'article du Martyrologe concernant notre saint compatriote et le culte traditionnel de ce saint dans sa paroisse natale.

M. Henry, qui a fait aussi une *Histoire du Roussillon*, serait plus excusable dans son silence, si ce silence n'était point, par lui-même, un acte de mépris, ou pour le moins d'indifférence injurieuse, commis contre notre saint, contre l'Eglise catholique et même contre l'histoire de notre pays.

Le plus jeune et le dernier venu de nos historiens, **M.** Vidal, y va plus carrément. Dans son *Guide Historique*, publié en 1879, page 211, il dit: « Il n'est donc pas « besoin d'y établir (à Collioure) gratuitement, comme « on l'a fait, le martyre de saint Vincent, pour y présumer « quelque population à l'entrée du moyen–âge.

Déjà en 1837, M. de Saint-Malo avait écrit *(Publicateur, 14 janvier)* : « qu'on peut se passer d'y établir (à Collioure) « le martyre de saint Vincent, pour y présumer quelque « population à l'entrée du moyen–âge. »

Ici l'un des deux auteurs est évidemment plagiaire de l'autre; seulement M. Vidal est encore plus explicite dans la négation relative au martyre de saint Vincent, en intercalant dans la phrase de M. de Saint-Malo les mots « gratuitement, comme on l'a fait. » D'après M. Vidal, et sans qu'il daigne appuyer son sentiment sur aucune espèce de preuve, c'est sans fondement aucun que le Martyrologe, l'Histoire et toute la tradition, auraient établi à Collioure le martyre de saint Vincent : à notre tour, nous trouvons cette accusation pour le moins fort gratuite.

Relativement à l'antiquité de notre Collioure, nous pouvons opposer au moins un témoignage à l'assertion du *Publicateur* du 18 juin 1836. « Il est vrai de dire que « cette localité (Collioure) ne se trouve pas mentionnée « dans les anciens auteurs qui nous sont parvenus... »

Nous lisons en effet dans une traduction de Pline le Jeune qui vivait du temps de Notre-Seigneur Jésus-Christ (Lyon 1581) : « De là, (Cincomago, ville des Alpes) tra-« versant la France jusqu'à Colybre qui est au pied des « monts Pyrénées, on compte cinq cent cinquante-huit « milles (Liv. 2, chap. 108).

Au chap. 2 du Liv. 3mo, nous lisons : « De là, (d'Am-« purias) on va à Colybre et à Porto-Vedra où était an-« ciennement le Temple de Vénus. »

Et au Liv. 3, chap. 1, on y lit : « Quant à la haulte « Espagne, elle va tout le long des monts Pyrénées, dès « le port de Colybre qui est sur la mer Méditerranée « jusqu'à la mer de Bayonne. »

M. de Saint-Malo a donc pu écrire que pour présumer quelque population à Collioure à l'entrée du moyen-âge, on pouvait se passer du martyre de saint Vincent, mais insinuer que le martyre de notre saint aurait été établi, et surtout gratuitement comme le dit M. Vidal, dans le but de faire croire à l'existence d'une population à Collioure à l'entrée du moyen-âge, aucun esprit sensé ne voudra le croire.

Un autre fait relatif à notre saint Vincent, et avancé, gratuitement aussi, par M. Vidal, à la page 214, est celui-ci : « Une tradition consacrée par le P. Domenech, « dans ses saints de Catalogne, fait naître et mourir « saint Vincent à Collioure même. Cependant Baronius « lui donne pour patrie la ville de Valence, qui fut aussi « le théâtre de son martyre. »

Qui pourrait ne pas croire à cette assertion de M. Vidal, écrite avec une telle assurance ? Eh bien! celui qui se donnera la peine de la contrôler, reconnaîtra facilement, que le savant cardinal, en parlant des martyrs célèbres de Valence, relate le martyre illustre de saint Vincent, diacre de Saragosse, et qu'il n'y a aucune confusion possible à établir, dans Baronius, entre saint Vincent martyrisé à Valence et notre saint Vincent de Collioure.

M. de Gazanyola n'admet pas non plus que notre pays ait fourni, « comme on l'a prétendu, des martyrs à l'Eglise » pas même saint Vincent de Collioure. C'est ce qu'il dit à la fin du deuxième chapitre de son *Histoire du Roussillon* publiée en 1857 : « Nous manquons de documents assez « positifs pour assurer que le christianisme était floris- « sant en Roussillon durant les premiers siècles, et que « le pays fournit, comme on l'a prétendu, des martyrs à « l'Eglise. »

Nous n'essayerons pas de défendre le martyre des saints de notre pays, ni même de notre paroisse, que le Martyrologe romain n'a point encore reconnus, malgré tous les titres que peut leur conférer la tradition la plus populaire. Mais les titres de saint Vincent de Collioure sont autrement considérables ; et l'on doit regretter

profondément que les témoignages historiques et traditionnels joints au grand temoignage de la possession de
son culte public n'aient pas été des « documents assez
« positifs » pour nos historiens roussillonnais modernes.
Il est vrai que le témoignage souverain de Sa Sainteté
Léon XIII est venu depuis, et c'est leur excuse aux yeux
de la Foi. Mais en dehors même de la question doctrinale
de l'autorité du Chef de l'Eglise qui n'avait point encore
parlé ; lorsque l'on sait avec quels soins scrupuleux
sont examinés le dossier des saints; lorsque l'on voit
combien de témoignages, d'enquêtes et de preuves irré-
cusables, l'Eglise réclame et exige pour l'inscription d'un
saint dans son catalogue ; le témoignage de ce seul livre,
abstraction faite des privilèges divins, doit être d'un
poids très grand auprès d'un homme grave, sérieux et
non prévenu. Et si, à ses garanties de sagesse, de science,
de prudence, de fermeté et de sainteté, que nous offrent
les Souverains-Pontifes, même au point de vue humain,
nous ajoutons la garantie des privilèges que leur a
conférés son divin fondateur, pour notre avantage et
notre sécurité, récuser à l'avenir ce témoignage comme
n'ayant aucune valeur et le regarder comme non avenu
dans une question qui est essentiellement de leur compétence, ce n'est pas manquer seulement d'équité, de
dignité et de foi, mais même de convenances.

Pour nos petits historiens du pays l'autorité du Martyrologe romain, et la possession de 1600 ans d'un culte
public ne sont pas un témoignage *assez positif*; et si
cependant il y a quelque chose de positif et certain, c'est
que, dans cette seule ligne du Martyrologe romain :

« *Caucoliberis, passio sancti Vincentii martyris,* »
il y a assez de science, de vérité, de vertu et de poids,
pour confondre tous les sceptiques passés, présents et
futurs.

Il nous est particulièrement douloureux de trouver parmi les sceptiques relatifs à saint Vincent, un homme dont nous avons appris à admirer le savoir uni à une grande piété, un enfant de Collioure, qui dans sa jeunesse a participé à son culte, a chanté ses louanges, a été témoin de la foi et de l'enthousiasme de sa paroisse natale pour notre saint compatriote, qui la renié depuis et nous impose la pénible obligation de le combattre sur ce point, M. de Saint-Malo, que nous estimons si excellemment, et qui n'en sera pas moins une des plus grandes illustrations locales à cause de ses immenses recherches sur l'histoire de notre pays.

M. de Saint-Malo, se laissant aveugler par l'amour fraternel, demande à lire les actes du martyre de saint Vincent pour y croire. Ni l'autorité du martyrologe ni les témoignages de l'histoire et de la tradition ni le grand fait du culte public, perpétuel, de ce saint dans Collioure, n'ont pu contrebalancer pour lui les conclusions de son frère Jacques dans une dissertation inédite de saint Vincent.

Voici le seul passage relatif à saint Vincent que nous avons lu dans ses *Etudes historiques sur le Roussillon*, manuscrit sur huit registres de près de deux cents pages chacun, que le fils de l'auteur a eu la grande obligeance de nous laisser consulter :

« La Narbonnaise fournit déjà des martyrs sous
« Septime-Sévère (204). Elle en eut sous Dèce (249), sous
« Dioclétien, (288), jusqu'à ce que Constance-Chlore pro-
« clama la tolérance, et que son fils arbora l'enseigne de
« la Croix.

« Mais on ne voit point de rigueurs en masse. Elles
« furent disséminées; et rien ne prouve d'ailleurs que
« notre sol en ait été ensanglanté, tant que nous ne
« verrons pas les actes du martyre de saint Vincent de

« Collioure, qui, la même année (303) serait le troisième
« confesseur de son nom, Gérone et Saragosse ayant eu
« chacune le sien pendant le proconsulat de Dacien dans
« la Tarragonnaise.

« A ceux qui observent avec raison que Collioure ap-
« partenait à la Narbonnaise, il ne faut point répondre
« que Dacien avait exercé (287) quelque autorité sur la
« Gaule méridionale ; le fait est vrai, mais restreint à
« l'Aquitaine. »

Les lignes qui précèdent renferment quatre objections
que nous devons détruire. 1º Tout d'abord, M. de Saint-
Malo dit comme saint Thomas : « *nisi videro... non credam* »
Notre savant n'ignorait pas cependant que, en dehors de
la vue, il y a d'autres motifs infaillibles de crédibilité.

Exiger qu'on lui produise aujourd'hui les actes du
martyre de saint Vincent, à plus de quinze cents ans de
distance, c'est se montrer exigeant plus qu'il est permis
de l'être.

Tous les historiens constatent que les persécuteurs de
l'Eglise, et Dioclétien en particulier, sous l'empire duquel
notre saint Vincent mourût, ne se contentaient point de
torturer les personnes, mais recommandaient aussi à leurs
agents de ruiner tous les temples et de détruire tous les
livres et papiers qui pouvaient être utiles aux chrétiens.
Dans cette dernière persécution de Dioclétien des milliers
d'actes des martyrs périrent, de l'aveu de tous.

A ces malheurs généraux se joignirent pour nous des
désastres particuliers.

Le Roussillon a été ravagé tant de fois depuis l'occupation romaine, il a subi tant d'invasions et de pillages,
que pas un seul document écrit concernant cette époque
n'a pu arriver jusqu'à nous.

Depuis le passage des Carthaginois, les armées de
toutes les nations sont venues ruiner notre pays en

se portant du midi au nord des Pyrénées et du nord au midi.

Collioure en particulier a été si souvent saccagé par les pirates qui se sont promenés sur la Méditerranée, surtout par les Maures des Baléares, les Sarrazins et leurs successeurs d'Afrique, que si une chose devait nous étonner ce serait de retrouver aujourd'hui les Actes du martyre de notre saint Vincent.

Les historiens de Rome ne mentionnent qu'un seul fait relatif à notre pays pendant près de six siècles de domination romaine, c'est l'assassinat à Elne de Constant, fils de l'empereur Constantin. En dehors de ce fait, l'histoire se tait complétement sur notre petit pays, éloigné du grand centre des affaires, et des compétitions au gouvernement du monde.

Pas le moindre document sur les lieux où furent érigés dans notre pays le Temple de Vénus, les Trophées de Pompée, l'Autel de César, etc. Faut-il donc en contester l'existence ?

De cette impossibilité de lire aujourd'hui les Actes du martyre de notre saint Vincent, tirer la conclusion que ces Actes n'ont jamais existé ce serait blesser la logique. Une chose qui ne saurait faire doute, c'est que l'Église Romaine a lu ces Actes avant d'inscrire saint Vincent de Collioure sur son Martyrologe.

Nous ne les avons plus aujourd'hui ces Actes, mais le Martyrologe de saint Riquier affirme que de son temps les Actes de notre saint martyr existaient encore: « *Cujus Acta habentur* » (voir page 11)

Pénétré de ces considérations, nous ne nous expliquerons jamais comment M. de Saint-Malo, plaçant sur un plateau de balance le fait de l'impossibilité de lire aujourd'hui les Actes officiels du martyre de saint Vincent, et sur l'autre plateau l'autorité du Martyrologe romain, les témoignages historiques, et le grand fait du culte traditionnel de saint Vincent, dans Collioure, peut trouver que l'un des plateaux de la balance n'a pas plus de poids et de valeur que l'autre, et que conséquemment, il faut mettre en quarantaine saint Vincent et son culte.

La seconde objection c'est que « saint Vincent de « Collioure, serait, en la même année, le troisième « confesseur de son nom, Gérone et Saragosse ayant eu « chacun le sien pendant le proconsulat de Dacien dans « la Tarraconnaise. »

Et quelle impossibilité peut-il y avoir à ce que Collioure, tout comme Gérone et Saragosse, ait eu son martyr du nom de Vincent pendant la même persécution ?

La seule déduction à tirer de cette coïncidence ne peut pas être la non-existence de notre saint Vincent plutôt que celle des deux autres, mais bien que le nom de Vincent était commun dans notre Catalogne et que ce nom était bien porté.

La troisième objection est une petite chicane sur la géographie: Le Martyrologe romain place Collioure dans la Tarraconnaise, tandis que du temps de saint Vincent nous faisions partie de la Gaule Narbonnaise.

Il est vrai qu'au commencement du quatrième siècle notre pays faisait partie de la Gaule Narbonnaise, mais lorsque le Martyrologe romain actuel fut rédigé et publié, le diocèse d'Elne était suffragant de Tarragonne. En conséquence, le Martyrologe a du dire: *Caucoliberis, in Hispania Tarraconensi...* »pour être dans le vrai.

Il y a enfin une quatrième et dernière objection tirée du manque de juridiction dans notre pays du proconsul Dacien, qui n'aurait exercé des pouvoirs dans les Gaules qu'en Aquitaine.

Nous répondrons qu'on n'y regardait pas de si près

lorsqu'il s'agissait de faire périr les chrétiens. Tout était permis contre eux; la légalité consistait à les faire mourir au milieu des tourments; et, à cet effet, les proconsuls avaient sur les chrétiens les pouvoirs les plus étendus, non-seulement d'après la lettre des édits publics, mais encore dans les instructions particulières et confidentielles qu'ils avaient reçu, d'étouffer dans le sang la religion naissante.

Le proconsul Dacien fut un des ennemis acharnés du christianisme que l'Histoire ecclésiastique ait signalé pour sa barbarie, dans les Gaules d'abord, et puis dans les provinces de l'Espagne. Et si, en passant à Collioure, ce proconsul trouve l'occasion de massacrer quelques chrétiens, il n'outrepassera pas ses pouvoirs, mais il accomplira une mission qui lui a été donnée et qu'il s'efforce de remplir à la plus grande satisfaction des empereurs.

Les auteurs du *Voyage pittoresque de la France* (Paris, 1787) raisonnent différemment et disent à la première page: « L'an 300 de l'ère chrétienne, Dacius, préfet des « empereurs romains en Espagne, fit souffrir le « martyre à saint Vincent à Collioure. Cette ville et le « Roussillon où elle se trouve devaient faire partie de « son département. »

Les motifs de doute mis en avant par M. de Saint-Malo n'ont donc pas de raison d'être; et nous n'en aurions même pas parlé, si nous n'avions pas craint qu'un jour, quelque descendant ou héritier de la famille vienne à publier ses manuscrits. Dans cette perspective nous avons cru de notre devoir de prévenir nos successeurs et nos paroissiens des objections formulées contre notre saint Vincent, ainsi que des réponses opposées par nous, dans notre insuffisance, tout en nous félicitant bien sincèrement de ce qu'on n'ait pas trouvé de meilleures raisons contre la plus grande gloire de Collioure.

Les Actes du martyre de saint Vincent de Collioure
ont été complétement perdus

Il n'est pas possible d'accuser de mensonge l'antique Martyrologe du célèbre monastère de Saint-Riquier, nous assurant que les Actes relatifs à notre saint Vincent existaient alors, peut-être même dans les archives de la communauté : « *Cujus Acta habentur.* » Mais il est non moins certain qu'aujourd'hui il ne reste plus aucune trace, aucun renseignement authentique ni sur l'interrogatoire ni sur le genre de martyre subis par notre saint. Tous les hagiographes ont cherché ces Actes et ne les ont point trouvés. Ces auteurs rapportent, sans exception, au 19 avril, le martyre de saint Vincent de Collioure dans notre localité, mais ils ne nous disent rien de plus. L'année même de ce martyre est controversée ; les uns le mettent en 303, d'autres en 300, 297, 292 et 282. Ce qui est le plus certain et conforme à toute la tradition écrite, c'est que notre saint souffrit son martyre sous l'empereur Dioclétien et par les ordres de Dacien qui fit plusieurs martyrs dans le midi des Gaules d'abord et puis en Espagne comme proconsul, où il a laissé un nom synonyme de cruauté et de barbarie.

Tamaye de Salazar, auteur d'un Martyrologe espagnol au XVII⁰ siècle, avoue aussi que tout le monde convient de la perte des Actes du martyre de saint Vincent de Collioure : « Ejus Acta penitus evanuisse fatentur uni-
« versi », et il annonce qu'il a découvert à Ségovie, dans un manuscrit, la légende de notre saint avec ce titre :
« Icipit legenda sancti Vincentii martyris qui in urbe
« Hispaniæ Tarraconensis Caucoliberitana ad radices
« Pirenæi martyrio coronatus est XIII kalendas majas
« anno CCCIII. »

Mais le savant Papebroch ne veut reconnaître la moindre valeur à ce document, qui, par son style et par
d'autres motifs très graves, ne peut être, dit-il, qu'une
production non antérieure au XVIIe siècle, et conséquemment sans valeur historique aucune.

Le successeur et continuateur de Bollandus transcrit
cette pièce dans son grand recueil sous le titre :

« **Acta suspecta ex m.s. Segobiensi excusa**

« **a Tamayo de Salazar.** »

Nous rapportons aussi cette pièce comme un document à voir et à apprécier dans la question qui nous
occupe.

« Quo tempore ne farii superstitionis idolorum propu-
« gnatores, impia, contra pietatem ac Religionem sævien-
« tes per singulas urbes ac regiones Edicta proposuerunt
« ut quicumque Christiani deprehensi essent, idolis
« sacrificare cogerentur; Prioris hujus interminationis
« auctoribus, et Romanæ iniquitatis imperatoribus
« successere Diocletianus et Maximianus orbis tyranni ;
« qui unus in Orientalibus, alius in Occidentalibus mundi
« partibus nomen Christianum delere totis viribus sata-
« gebant. Quod ut consequerentur facilius per provincias
« Romano Imperio subjectas Prœsides et Judices
« qui rem sibi commissam ad unguem adimplerent
« dimiserunt.

« Dacianus ergo, unus ex electis præsidibus ad tantum
« immane facinus perficiendum in partes Hispaniæ et
« Galliæ delegatur. Qui exantlatis Galliæ regionibus,
« innumerisque per agonum palestras effectis marty-
« ribus, Hispanias ingredi per Pyrenei montis juga horrido
« forore decrevit.

« Qui cum ad urbem in illo tractu maritimam Cauco-

« liberim vocatam pervenisset, publicatis imperatorum
« edictis, comprehensus est Vicentius illius civitatis
« accola, magnæ fidei et constantiæ vir et adductus est
« ad Dacianum præsidem.

« Quo ante tribunal constituto præses dixit Vincentio :
« Age, esto Diis ipsis obediens et imperatoriis edictis.
« Illi autem Vincentius respondit : Nemo unquam
« reprehendi et condemnari poterit qui Salvatoris |Nostri
« Jesu-Christi præceptis obedierit.

«Tum Dacianus præses : tibi consulo ut ea eligas quæ
« sunt tibi utilia, et magnis diis te adjungas, et eis unà
« nobiscum sacrifices, sic enim quæcumque · petieris
« consequeris, apud te ergo considera, id consilii capiens,
« quod et tuæ conveniat nobilitati, et animi discretioni,
« neque velis iræ nostræ facere periculum, neque dis-
« cere quantum sit malum impietas. Quod si tu his non pa-
« rueris, neque meis cesseris suasionibus necesse erit ut
« meam deinceps tantam experiaris sævitatem, quantâ
« nunc benignita rueris ac mansuetudine, quo tempore
« etsi ducaris pænitentia, nihil fortasse tibi proderit.

« His verbis respondit martyr : mihi quidem divitiæ
« et vita est Christus ; mors autem propter ipsum subuenda
« est, mihi vitâ longe prætiosior, præter quem, non aliud
« ex his quæ sunt in terra jucunda , mihi jucundum
« fuit existimatum.

« Tormenta quæ minaris, ea mihi sunt voluptates
« potius quam cruciamina in illum solum defigenti
« oculos, et non ea solum pati pro illo cupienti ; sed
« etiam si fieri posset mori millies. Ergo fac potius quod,
« est in tua potestate aut situm est in morum tuorum
« crudelitate. Nam ego quidem ligneos aut lapideos deos
« nunquam coluerim.

« Tum Præses primum plagas ejus genis ejus inflixit,
« deinde martyrem, disruptis vestibus, nudum populo

« demonstravit cujus utrumque latus carnifex fodiens
« et carnes ungula cruentâ propulsans, cito corpus
« cruentum humi projectum repetitis foraminibus
« sanguinem eructabat. Tunc Dacianus inquit : Quis te,
« sinon pareas, poterit e manibus meis eripere? Ego te
« minutatim dissectum feris apponam agrestibus exe-
« dendum. Quale majus dedecus Nobili Viro, quam
« nudum, hominum conspectibus exponi ! Sed si resci-
« piscens, ab eâ quæ te tenet amentiâ, ad deorum
« accesseris benignitatem, liber et honoribus cumulatus,
« præmia majora recipies.

« Martyr autem : mihi o Præses, non est turpitudo esse
« vestibus nudum; sed maximus potius ornatus, nam
« veteri homine exutus, novum induam in justitiâ et
« veritate. Minaris te mortem mihi esse allaturum, ad
« hoc tibi præstó sum, hoc enim est mihi optandum.
« Quod si etiam mea membra dissecueris, tunc me
« afficies majori beneficio; me enim totum, quantus-
« cumque sum, debeo creatori meo; et hoc mihi
« semper fuit in votis, ut ipse !glorificetur in omnibus
« meis membris, et sistam ante ejus tribunal omnia
« membra mea nitentia ornatu confessionis.

« Tunc præses, missis adhortationibus, processit ad
« supplicia, ideo tyrannico furore commotus, sanctum
« Vicentium in tantum trochleis torqueri præcepit, ut
« membra ejus a suis juncturis vi durissima solvi coge-
« rentur. Post hæc in ipsis in sublime elevatus frequen-
« ter, ictuque celeri super silices, corporis pondere
« demissus, et lapidibus acutissimis perfricatus, primam
« illam quœstionem exegit.

« At Dacianus qui Hispanorum constantiam prœco-
« gnitam habebat, quorum animi nullis unquam rigo-
« ribus cruciaminum, nullis adversantium fortunarum
« terroribus vinci facile prævalure, martyrum in vin-

« culis esse præcepit, donec quid de illo faciendum
« sit, deliberet.

« Sanctus autem Vincentius carcerem ingressus,
« spiritu exultabat, et gratiarum actione Deum prose-
« quebatur, gloria, inquiens tibi Domine, qui non
« confundis sperantes in te. His dictis, in ergastuli pro-
« fundo angulo detrusus, orationi insistens, et constan-
« tiam in reliquis quœstionibus a Domino petens, lux
« subito spelœi abdita clarificavit, ita ut martyr qui
« supinus et nudus super nudam humum cubabàt, inso-
« lito splendore recreatus, membrorum compaginibus
« reluctantibus, sederet. Tunc iterum Deo gratias sol-
« vens, protinus sanus, sine vulnere, sine cicatrice, et
« animo roboratus, inventus est.

« Alterâ die, cum Dacianus Barcinonam proficisci
« decreverat, multo mane ad forum veniens quo tribunal
« extructum erat, satellitibus suis furibundâ voce prœ-
« cepit, quatenus Vincentium, ad ejus intuitum e carcere,
« nisi jam mortuum invenirent, adducerent. Quem cum
« carnifices detulissent, et illum integrâ valitudine
« conspexissent, viscerum adustione furiosus, oculorum
« indignatione laqueatus, hœc ad martyrem verba
« direxit: Ecquid his magicis adumbratus figmentis, in
« mei prœsentiam devenire disponis ? fortè credidisti
« me tuorum amplexari commenta ? Infelix, tua hœc
« derilamenta depone ; nam si te liberum, technis pospo-
« sitis, intueris, apprehendas necesse est, hoc deorum
« nostrorum beneficio factum, ut tui erroris pertinaciam,
« eorum adoratione cognoscas.

« Cui Vincentius : nec magicas artes agnosco, nec
« deos tuos tamquam valetudinis meæ auctores, adoro.
« Dominus meus Jesus Christus, verus Deus et verus
« homo, qui propter nostram salutem descendit de
« cœlis, et incarnatus est de Spiritu sancto ex Maria

« Virgine, ut caligantis mundi cœcitatem averteret, in
« mundum lucem suæ claritatis infundit, de quo dictum
« est: in ipso vita erat, et vita erat lux hominum et lux
« in tenebris lucet, et tenebrœ eam non comprehen-
« derunt, et iterum: erat lux vera quœ illuminat
« omnem hominem venientem in hunc mundum, iste
« nempè, ô Prœses, ut mentis meæ tenebras inter noctis
« obscuritatem clarificaret, lucem suæ dignationis in
« medio ergastuli angulo fuit dignatus emittere; cujus
« lucis cœlestis splendore vulnera sanata conspexi, et
« ad majora recipienda paratus, et animatus invenior.
« Ergo non a diis tuis, quos ut stercora œstimo, sed a
« Deo meo, qui venit in mundum, et verbum caro factum
« est, et habitavit in nobis, et vidimus gloriam ejus,
« meæ sanitatis beneficia profiteor evenisse.

« Audiens hœc Dacianus, furiis prœcipitibus agitatus,
« accenso in medio civitatis copioso igne, jussit sanctum
« Vincentium, ligatis manibus et pedibus, pœnalibus
« incendiis cruciari. Tum ministri sanctum martyrem
« mediis flammis ingerunt, qui inter œstuantis pyrœ
« incendia, Dominum confitens, fœlici martyrio coronatur,
« decimo tertio kalendas maii, anno Domini trecentesimo
« tertio. In quo illud apparet solemne miraculum quod
« ligamina manuum et pedum, necnon capilli capitis
« ejus, nullam ab igne lœsionem sustinuerint; vultus
« autem illius rosei coloris micabat, ita ut potius dor-
« miens quam extinctus putaretur, unde multi, ad Deum
« conversi, crediderunt. Ejus corpus Christiani noctu
« rapientes, sepelierunt; quod postodum fuit hono-
« rificè translatum, Prœstante Domino Nostro Jesu Christo
« qui cum Patre et Spiritu sancto vivit et regnat in
« sœcula. Amen.

A la suite de cette pièce, Papebroch ajoute, entre
autres graves critiques: « Clamant phrases singulœ

« hujus aut precedentis ad summum sœculi esse omnia. »
Les annotateurs de la dernière édition du Martyrologe
d'Usuard disent aussi en parlant des Actes de notre saint
Vincent « il n'en existe que de récemment fabriqués » et
en parlant ainsi ils ne peuvent viser que les Actes ci-
dessus.

D'après cette légende, notre saint Vincent aurait subi
son martyre sur un bûcher au milieu du Collioure d'alors
et les flammes auraient respecté les liens qui attachaient
ses mains et ses pieds. Ses cheveux seraient aussi restés
intacts, et son visage, prenant une teinte rosée, exprimait
non les traits que peut laisser une mort violente, mais
plutôt les apparences d'un doux sommeil.

La tradition locale, consignée dans nos *Goigs* affirme
au contraire: Premièrement, que saint Vincent ne mou-
rut point sur un bûcher, mais bien d'un coup de lance ou
de poignard ;

En second lieu, que la scène du martyre se passa sur
le rocher de l'île, toujours appelé depuis le rocher de
saint Vincent.

Et cette seconde affirmation est plus conforme aux
données de l'Histoire qui nous dit que « les exécutions
« (des martyrs) avaient communément lieu hors des
« villes. » (*Dictionnaire encyclopédique de Dupiney de
Vorepierre* au mot *martyr.*)

> Molt irritat lo Pretor,
> Sentencia ha pronunciada ;
> Qu'en la Isla fosseu mort
> De una cruel punyalada ;
> Al costat vos l'ha fixada
> Lo botxi ab grand furor ;
>
> Etc.
>
> (*Goigs*)

Et la voix des siècles passés, les *Goigs* continuent en disant :

> No pará la crueldat
> En assó, pus va manar
> Que no fosseu enterrat
> Sinó llençat en lo mar ;
> Mes fonch vostre cos guardat,
> Per volontat del Senyor.
> Etc.

En confirmation du fait mentionné dans ce couplet des *Goigs,* les marins de Collioure désignent encore traditionnellement le lieu où fut jeté le corps de saint Vincent ; c'est une petite anse dans une anfractuosité du rocher qui descend de l'île vers l'Est, et ils ajoutent que cette partie du rocher a toujours donné une teinte un peu sanguinolente à l'eau qui la recouvre.

On ne peut pas douter que les chrétiens de Collioure ne fissent, dans cette circonstance, ce qui se pratiquait partout ; c'est-à-dire qu'ils durent enlever le corps du saint martyr pour le conserver pieusement et avec la vénération la plus grande, le plus souvent dans le lieu de leur réunion, car c'était sur le tombeau des saints martyrs que le Saint-Sacrifice était habituellement offert.

Le culte public des saints date du moment de la mort des saints martyrs ; et le premier acte public de ce culte était de recueillir précieusement les restes de ces héros, et les présenter à Dieu comme intercesseurs.

Ainsi aussi, a commencé infailliblement à Collioure le culte de saint Vincent.

Les persécutions payennes et mahométanes, les nombreuses invasions des Maures, des Sarrazins, de tous les pirates qui ont exploité notre mer, et fait tant de ruines à Collioure jusqu'au XIe siècle, tant de désastres, disons-nous, ont pu détruire tous les documents des premiers siècles chrétiens chez nous, les Actes du martyre de saint Vincent, sa biographie et même ses restes si l'on veut; mais nous pouvons constater, en toute vérité, que toutes ces calamités si grandes n'ont pas pu réussir à effacer dans le cœur des enfants de Collioure le culte et l'amour de leur compatriote martyr. Les documents de nos archives municipales font foi que notre saint Vincent a eu sa chapelle spéciale dans l'église paroissiale des glacis du château, bien certainement la première église digne de ce nom que la fin des invasions ait permis de construire à Collioure dès le XIIe siècle.

D'où la conclusion :

Les Actes authentiques du martyre de notre glorieux compatriote ont été détruits par le malheur des temps, mais son culte à Collioure, jamais.

Les Reliques de saint Vincent de Collioure

Le P. Papebroch dans les *Acta Sanctorum* dit être persuadé que le corps de saint Vincent de Collioure fut transféré à Embrun « quibus persuademur Vincentium « Caucoliberi passum essem fratrem Orontii cujus et « sociorum corpora Ebredunum ex suburbiis Gerun- « densibus fuere translata. » Mais ce n'était point notre saint Vincent qui était frère d'Oronce. Il n'y a pas de confusion à établir entre le saint martyr de Collioure et le frère de saint Oronce, saint Vincent de Juyá, dont le martyre est mentionné au 30 janvier avec celui de son frère et de saint Victor, diacre de Gérone.

« Es claro que Vicente (le frère d'Oronce) era natural « de Juyá, no de la cuitad dicha (c'est-à dire de Col- « lioure.) » (*Espana Sagrada*, tome 43, page 270.) « Nin- « guna apparencia de verdad tiene la opinion que con- « funde los dos Vicentes. » (*Ibidem.*)

« Nuestros martyres, (ceux qu'on célèbre à Gérone le
« 30 janvier) no deben confundirse con sancto Vicente de
« Coluibre ni con otros de mismo nombre, segon affirman
« los criticos de mejor nota. (*Ibidem.*)

En effet, notre paroisse ne fournit aucun document,
aucun renseignement quelconque sur ce que devinrent
les reliques de notre saint martyr ; et la tradition locale,
après avoir certifié que le corps de saint Vincent
ne périt point dans la mer : « Mes fonch vostre cos
guardat per voluntat del Senyor » (*Goigs*), ne dit rien
de plus.

Y a-t-il eu une translation ? ou bien le corps du saint
martyr serait-il resté à Collioure, et aurait-il été profané
et dispersé dans quelque subite invasion de pirates?
Nous craignons fort qu'on ne puisse jamais éclairer
cette question.

Un fait certain, c'est qu'il n'y avait aucune relique de
saint Vincent dans l'église paroissiale de Collioure en 1312 ;
l'inventaire authentique dressé à cette époque, et conservé aux archives de la mairie, mentionne :

1º « Un cristal garnit ab argent hon estan reliquies de
sent Blaser. » Nous avons encore dans notre sacristie
ce reliquaire avec sa relique de saint Blaise.

2º « Item altre xpristal garnit ab lcto hon estan reliquies de sent Johan. »

La relique de saint Jean n'est pas arrivée jusqu'à nous,
et s'il y avait eu des reliques de saint Vincent, ce document les aurait certainement mentionnées.

« Il n'y a pas aujourd'hui à Rome de reliques de
« saint Vincent de Collioure. On possède bien des reli-
« ques d'un saint Vincent martyr, mais on ne peut pas
« préciser quel est ce saint. On présume que c'est saint
« Vincent, diacre de Sarragosse (22 janvier). »

A une seconde question que nous avons sollicité,

savoir : Pourrait-on nous informer s'il y a jamais eu
à Rome des reliques de notre saint martyr ? Monseigneur
Clerc à écrit : « On ne peut répondre à la seconde ques-
« tion de savoir si on a jamais possédé à Rome des reli-
« ques de saint Vincent de Collioure. » Nous devons les
deux renseignements susdits à la grande bienveillance
de M. l'abbé Roca, vicaire-général du diocèse, qui les
a fait demander à la Custodie des saintes reliques à
Rome par Monseigneur Clerc, correspondant diocésain
accrédité.

Avant le siège de Collioure par Louis XIII, en 1642,
notre église paroissiale possédait des reliques de
saint Vincent.

Reliques de saint Vincent
possédées avant l'occupation française
et emportées en Espagne

Copions le manuscrit qui nous apprend la possession
et la perte des reliques de saint Vincent, en l'année 1642.

« *Notas tretas del manuscrit del senyor Joan Riera*
« *habitant de Coplliure, Autor lo Dr Argeis.*

« En un llibre intitulat *Poblacio Catholica de Espanya,*
« es portat com sant Vicens era casat ab Eladia que diu
« era també santa, y fa mentio de altres dos santas també
« de Coplliure Julia y Justa, no porta gens si Eladia
« fonch martyr pero las nomena santas.

« Continua, dit Riera, las reliquias del glorios sant he
« oit a dir à personas vellas que antes del siti del
« any 1641 (il faut dire 1642) que sufri esta vila estaban en
« una caixa posada alta en una paret de la iglesia y temo »
« que las tenian ab menos veneracio del que devian, y
« com en dit siti la iglesia fonch cremada deian ditas
« personas vellas que no se eran trobadas mes ni se sa-
« bia que avian esdevingut.

« Deves lo any 1698, o altre me cert temps, trobantse
« Domer de Argelès lo Reverent Andreu Riera, p^bre y
« Doctor en santa Theologia, arribaren casualment en dit
« Argelès dos religiosos Caputxins ; lo un era guardiá de
« Sabadell, y lo altre era parent de la casa de Senmanat
« que era vingut per occasio de veurer dona Mariangela
« de Senmanat que estaba en dit Argelès, y oint parlar
« de Copllioure y de sant Vicens digué que ell avia dit
« missa en lo altar de dit sant, ahont eran sas reliquias»
« y com dit doctor Riera ohis asso li demana ahont, y dit
« religios ly digué que passant en cert temps a un lloch
« de Catalunya ques diu Concavella per visitar la Com-
« tessa de Eril, dita Dama, anant a la iglesia de dit lloch
« per dir missa, digué a dit Pare Caputxi si volia dirla
« en lo altar de sant Vicens, y ell digué : com a sant Vi-
« cens de Huesca ? y dita Dama ly digué : no, a sant
« Vicens de Copliure, y que ell digué missa en dit altar. »

« Ohit la relacio de dit Pare se discorregué que podia
« esser que algun senyor de dita Casa de Eril se trobas al
« servey del Rey en dit siti y com fossen portadas, mol-
« tas cosas de la iglesia al dit Castell, dit senyor agues
« reservadas ditas Reliquias.

« Tot asso es del senyor Riera, y jo lo Doctor Antoni
« Andreu que ho e retranscrit sée per traditio de ma
« mare y avia que esta tenia quatorze ains en lo temps
« del siti laqual deia que las Reliquias sent estadas trans-
« portadas de la iglesia al Casteil a instigatio de alguna
« persona que residia en dit Castell pretextant major
« seguredat, quand los Espanyols lo evacuaban, anaren
« los senyors Consols per retirar las reliquias, y no las
« trobaren que ja eix sennor que y residia y particular-
« ment sa Dama las avian enviadas ab expres y tretas
« al bell principi de la evacuatio, lo que es conforme al
« dir de moltas altres personas que me an dit o tenii

« aixi de sos predecessors y pares. » (*Manuscrit conservé au Presbytère.*)

Les renseignements précédents se trouvent confirmés par M. l'abbé Millet qui a été vicaire à Collioure avant et après la révolution. « Lo señor Joan Riera a posat en nota, que lo cos de sant Vicens en lo siti del añy 1641 (Il « faut dire 1642) que pati esta vila, fou portat en lo Cas- « tell, y despres depositat en un lloch de Catalunya « anomenat Concavella, cosa que pot ser, despres lo dir « de moltas personas ancienas que ho tenan igualment de « llurs passats (Reg. Arnau, page 109.)

Voila donc la paroisse de Collioure privée de reliques de saint Vincent depuis 1643 jusqu'en 1701 et 1704, époques de l'arrivée de nos reliques actuelles.

Nos Reliques actuelles.— Leur provenance, leur culte.

« La reliquia que ara tenim en la iglesia de Coplliure « es vinguda de Roma del sementiri dels martyrs ço es « lo un os lo mes petit per medi del Reverent Joan « Prats, p[bre] d'Argelès, qui anant à Roma lo añy sant « de 1700 la tragué.... l'altra reliquia insigne que es « un *tibia* vingué també de Roma lo que dit senyor Riera « descriu al llarg continuant, per la diligencia del Pare « Francesch Malega, religios recollet de sant Francesch « qui la feu traurer per lo senyor canonge Vicens Vic- « toria Valencia que estaba en Roma...

« Las reliquias de santa Liberata y de santa Maxima « aportá també de Roma lo dit P. Francesch Malega y « ne feu presen à la iglesia. (Suite de la même relation « que ci-dessus du Dr Andreu.)

Ici, nous devons dire que l'historien ci-dessus se trompe en faisant arriver avec la relique insigne, et par les soins du P. Malega, les deux reliques de sainte

Maxime et sainte Libérate. Celles-ci sont arrivées en 1701 et ont été remises par M. l'abbé Prats, d'Argelès, tandis que notre Relique Insigne n'est arrivée à Collioure qu'en l'année 1704. La preuve en est que les trois bustes de saint Vincent, sainte Maxime et sainte Libérate dans lesquels ont été encadrées leurs Reliques respectives, et tels que nous les avons encore aujourd'hui, ont été travaillés par le sculpteur Joseph Sunyer, l'auteur de notre beau Maître-Autel, et tous les trois terminés dès le 16 janvier 1702 : « Item te donat al senyor Joseph Sunyer « sculptor quarante-cinq franchs a compliment de aquells « nonante franchs a ell deguts per aver traballat tres « mitg cossos, sçaver, sant Vicens, santa Maxima y « santa Liberata, com apar en polissa dels 16 ja- « ner 1702. » (Reg. B de la mairie, page 109.)

Nos bustes ont donc été payés au sculpteur, ensemble, quatre-vingt-dix francs. Celui de saint Vincent était déjà terminé au mois d'octobre 1701, puisque le 30 de ce mois il était déjà entre les mains du doreur Jean Gilis qui percevait un à-compte de quarante francs sur le prix total convenu de soixante-dix-sept francs : « Item te donat « a Joan Gilis, daurador, quarante franchs a bon compte « de septante-sept francs se li ha promes per daurar lo « mitg cos de sant Vicens, ab polissa de 30 octobre 1701 » (même registre B de la mairie, page 102.)

Et le complet payement au doreur a été fait le 25 avril 1702 : « Item te pagat al senyor Joan Gilis, dorador, trente- « sept francs a compliment del que se li era degut « per aver dorat lo mitg cos de sant Vicens martyr, « com apar ab polissa dels 25 abril 1702. » (Ibidem, page 110).

On peut conjecturer avec toute vraisemblance que le même ouvrier Jean Gilis a aussi doré les bustes des saintes Maxime et Libérate, mais nous n'avons point trouvé de renseignements précis sur ce point.

Nous avons enfin une autre preuve indiscutable de l'arrivée des reliques des saintes Maxime et Libérate, avec les reliques de saint Vincent apportées en 1701 : C'est le compte-rendu détaillé de leur réception solennelle faite le 16 août de cette année 1701. « Nota del die « ce feu la receptio de las reliquias del glorios nostre « bon patró y fill de vila sant Vicens martyr de Coblliure « com també de la gloriosa santa Liberata y santa « Maxima, laqual receptio fou feta als 16 agost 1701... » (Reg. Arnau page 25.)

La Relique Insigne de saint Vincent nous est arrivée en 1704 sans suscription ni étiquette indicative aucune; et celle qui a été encadrée dans le buste de saint Vincent, fait pour elle en 1701, porte en suscription « sàncti Vincentii. »

Notre piété eut été beaucoup plus satisfaite si on avait ajouté à Rome, sur les deux reliques, l'adjectif qualificatif *Colliberitanus*.

Notre Relique Insigne de saint Vincent

Complétons la citation du manuscrit du Docteur Andreu, conservé au presbytère, relatif à notre Relique Insigne:

« L'altre Reliquia Insigne que es un tibia vingué també « de Roma lo que lo sennor Riera descriu al llarg conti- « nuant : per la diligencia del Pare Francesch Malega « religios recollet de sant Francesch qui la feu traurer per « lo sennor canonge Vicens Victoria Valentia que estaba « en Roma y vingué remesa a Marsella a un marxant « nomenat M. Vincens qui digué haverla remesa en « Catalunya y estigué temps que no se sçavia cosa........ « Pero enfi Deu Nostre Sennor volgué que arribas assi y « trobantsy Montsennor de Flamenvile Bisbe de Helna en

« visita la reconegué en la caixeta que venia ; la aprobá
« y ell mateix la portá en professo publica en la iglesia y
« ne feu llevar acte y ordoná |que lo die de 19 abril se
« digues offici en dita iglesia de Coplliure...etc. »

L'abbé Arnaud nous a ensuite laissé le compte-rendu
détaillé de la cérémonie de réception :

« Als dos de mars de 1704 ce feu la receptio de la Insi-
« gne Reliquia del glorios sant Vicens martyr fill de
« Coplliure, laquat consisteix en lo os principal de la
« cama, laqual receptio fou feta ab lo modo seguent :

« Primerament despres de esser ja estada en la igle-
« sia sub secreto se feu veurer a dit Senyor Illustrissim
« per justificar si era recevable per insigne reliquia, per
« lo que axi també dit Senyor Illustrissim crida lo silur-
« gia major del ospital de dita vila loqual digué esser
« recevable, y dit Senyor Illustrissim torna tancar
« dita reliquia, y en lo endema ce feu dita receptio.

« Se exposá una taula en lo portal de dita vila ben
« condicionada ahont un Reverend de nostra Comunitat
« dit Joan Oliver sub secreto sota lo sobre pallis aporta
« dita reliquia ab sa caixeta sobre dita taula ; y despres
« anarem tot lo clero a rebrer Monsenyor Illustrissim
« loqual era en casa lo senyor Prior parroco de dita vila,
« y ab ell nos ne anarem a cercar dita reliquia ahont
« cantase al esser devant la reliquia la antifona de *Iste*
« *Sanctus* ab son verset, y sa Illustrissim digué la collecta
« de sant Vicens, ab que encontinent commensaren los
« senyors Syndics a entonar lo *Te Deum* fins que forem
« a la vora del mar, pus axi fou ordenat y passassem, ab
« que essent alli tornarem a cantar la mateixa antifona
« de *Iste Sanctus,* y lo dit Senyor Illustrissim digué la
« collecta ; y despres ab dita reliquia doná la benedictio
« al mar ; y en saguit cantarem lo imne *Deus tuorum*
« *militum* fins forem en la iglesia en la capella de dit

« sant aont fou reposada sobra la mesa; y dit Senyor
« Illustrissim tornant dir dita collecta despres de aver
« dita la mateixa antifona del sant, y aqui fini, y despres
« sa Illustrissim predicá, essent consuls lo senyor Jero-
« nim Puigt, Andreu Margouet y Antoni Juliá.. Laus Deo.

(Reg. Arnau, page 25 retró.)

Translation de la Relique Insigne de saint Vincent, en 1869.

« Le 18 avril 1869 a été faite la translation de l'Insigne
« Relique de saint Vincent. L'Insigne Relique était ren-
« fermée dans un petit coffret très simple et pauvre.
« Monseigneur étant en visite fit remarquer que la sus-
« dite relique était placée dans un reliquaire peu en
« rapport avec la vénération qui était due à une Relique
« Insigne. La châsse donc qui existe aujourd'hui a été
« achetée à Lyon pour le prix de cinq cents francs qui
« ont été recueillis par le moyen d'une souscription à
« laquelle ont souscrit tous les paroissiens selon ce que
« leur fortune leur permettait de faire.

« Monseigneur l'Evêque désirait ardemment faire lui-
« même cette cérémonie, mais il en fut empêché, et
« comme tout était préparé, et que le jour de la transla-
« tion était fixé, il délégua l'archiprêtre de Céret pour
« le remplacer, et cette cérémonie se fit avec grande
« pompe, comme il est rapporté dans le procès-verbal »
« qui en a été fait. » (Note laissée sur un registre par
M. le curé Vilar.)

De translatione Reliquiarum Insignium beati martyris
Vincentii Colliberitani.

« Anno Domini millesimo octingentesimo sexagesimo
« nono, regente et immaculatâ fide pascente sanctam
« Dei ecclesiam Pio Papa nono Petri successore et Christi

« Vicario, Elnensem Diœcesim gubernante episcopo Ste-
« phano-Æmilio Ramadié, Galliis autemimperante Napo-
« leone tertio die decima octava aprilis, Dominus Bria,
« parochus Ceretensis et Vallespiri archipresbyter, a
« Stephano-Æmilio Ramadié Episc. delegatus, Caucolibe-
« rim venit in urbem, ut beati martyris Vincentii Colli-
« beritani Reliquiarum Insignium translationi prœsset.

« Agebatur enim Relequias Insignes quœ in majore
« tibiœ parte consistunt extrahere e theca humili et per-
« vetusta in quâ anno millesimo septingentesimo quarto
« a Dno Joanne de Flamenville Elnensi Episcopo fuerunt
« receptæ et recognitæ, et thecœ recentiori et deauratæ
« illas includere.

« Missâ solemni decantatâ et oratione egregiè factâ de
« vitâ et passione beati martyris, prœdictus Archipres-
« byter, stolâ super pelliceum indutus, surgens statim,
« in medio ecclesiæ thecam novam benedixit, dein in
« sacrarium reversus thecam humilem velo rosaceo
« coopertam accipiens processionem ordonavit, comitan-
« tibus canonicis, presbyteri Isidoro Vilar parocho Collibe-
« ritano, Isidoro Trilles parocho et decano d'Argelès, Petro
« Saly episc. curiœ concellario, et presbyteris vicariis
« oppiduli, Isidoro Fabre, Nicolao Combaut et Antonio
« Borallo, ad medium usquè sanctuarii processit, et super
« mensam ad hoc usquè preparatam Thesaurum insi-
« signem deposuit.

« Postquam autem a clero, antifona *Lux perpetua* fuis-
« set decantata, et dum turba concinentium laudes beati
« martyris in cœlum extolleret, archipresbyter palam
« omnibus thecam humilem aperuit, et abcissis ligami-
« nibus colore cœruleo quibus reliquiœ néctebantur,
« thecœ deauratœ reverenter illas inclusit. Jacent nunc
« sacrœ reliquiœ suprà capsulam panno serico et colore
« rubeo vestitam tribusque anchoris sustentam et firma-

« tam, et tribus ligaminibus sericis et rubris nectuntur,
« duobus quidem in latitudine, uno veró in longitudine,
« quorum partibus extremis a Concellario curiæ episco-
« palis sigilla apposita sunt et impressa, et translationis
« acta ritè exarata et digesta et subscripta ab omnibus
«˙presbyteris adstantibus, et a quibusdam viris bonum
« nomen habentibus in capsulâ thecœ deauratæ ipsam et
« inclusa recondita fuere. Prœter clerum superiùs nomi-
« natum aderant ceremoniæ matutinæ majores civitatis
« et ferè omnes viri Insigni famâ decorati, et magnâ
« populi frequentiâ, tum ex verbe tum e locis vicinis
« quin etiam remoti confluens, qui meridiem versus,
« quum habita fuisset translatio, reliquias sacras vene-
« rati et deosculati sunt, et Deum in martyribus trium-
« phantem, et labores profide susceptos coronatem ado-
« ravere.

« Vespere autem facto, per vicos et plateas civitatis
« et portus d'availl ordinata fuit generalis processio. Unà
« cum reliquiis Insignibus quœ ultimó sequebantur
« gestabant nautæ reliquias beati martyris Vincentii et
« beatorum virginum et martyrum Maximœ et Liberatæ
« statuis ligneis inclusas.

« Viæ per quas iter habebant martyrum exuviœ linteis
« frondibus, floribus et vexilis erant adornatæ, et palmis
« et hymnis et canticis a juventute Colliberitanâ depromp-
« tis undiquè resultabant. Tandem in ecclesiam reversis,
« impertita est Augustissimi et sacrosancti Eucharistiæ
« Sacramenti Benedictio, et cætus fidelium in pace
« dimissus est.

« Ego parochus Vilar et omnes mei presbyteri vicarii
« mecum subscriptione nostrâ, omnibus has prœsentes
« visuris fidem facimus et testamur de veritate eorum
« quœ vidimus et Deo adjuvante peregimus. Amen.

« Signés sur l'original : « Vilar chanoine honoraire curé,

« Bria parochus Archipresbyter, Trilles Can. hon. Deca-
« nus, Saly, chanoine honoraire secrétaire, Fabre I. vi-
« caire, Combaut N. vicaire, Borallo vicaire. « Ce procès-
verbal a été rédigé par M. l'abbé Combaut, vicaire.

A l'occasion de la translation ci-dessus, une particule
fut détachée de la Relique Insigne et placée dans un petit
reliquaire en cuivre à pied, conservé dans la sacristie.
Le sceau de Monseigneur Ramadié qui y fut placé par
M. le Secrétaire-Général, y est encore intact et très recon-
naissable. Nous présentons cette petite relique au baisement des fidèles après la grand-messe du jour de la
solennité de notre saint Vincent.

La Relique Insigne n'est jamais portée à la procession
sur mer ; elle ne sort jamais de l'église que le 17 août
avec la procession qui se fait avant la grand-messe, et
puis aux jours de grandes supplications, comme en
temps de choléra.

Modification importante
survenue naturellement à notre Relique Insigne

Nous avons constaté, non sans regrets, depuis deux
ans, un changement considérable dans l'état de notre
Relique Insigne : sans que personne y ait touché, nous en
donnons la plus complète assurance, la couche d'émail
naturel qui recouvrait la Relique, s'est fendillé, et, se
détachant de la partie spongieuse de l'os, en se retor-
tillant, est tombé en parties excessivement tenues sur le
coussin support. De plus, la parti spongieuse restante,
serrée un peu trop fort peut-être par les rubans en soie
qui la contenaient, s'est complétement fendue dans le sens
de sa longueur. Ce fait regrettable ne peut être attribué
qu'à la grande humidité de notre église bâtie en partie

dans la mer, et aux émanations salines inévitables chez nous. Nous nous ferons un devoir de signaler cet accident à l'autorité diocésaine.

Nos Reliques de saint Vincent, sainte Maxime et sainte Libérate, encadrées dans leur buste respectif

La paroisse de Collioure était privée de reliques de saint Vincent depuis l'évacuation espagnole, c'est-à-dire depuis 59 ans, et ce fut une grande joie lorsque M. l'abbé Prats, d'Argelès, à son retour de Rome, l'année jubilaire 1700, nous en apporta de nouvelles. Elles arrivèrent à Collioure le 19 avril 1701 : cinq jours après, le Conseil Général de la ville s'assemble, et les Magnifiques Consuls sont chargés, conjointement aux autorités religieuses, d'arrêter le jour et le programme de la cérémonie de réception solennelle.

La fête est fixée au 16 août ; les saintes Reliques seront exposées dès le matin sur le rocher de l'île saint Vincent *« aont ce diu pringué lo martyri »* (dit M. l'abbé Arnau dans le compte-rendu de la cérémonie que nous donnons plus bas.) Une députation de prêtres de la Révérende Communauté ecclésiastique ira les chercher, à l'entrée de la nuit, avec des flambeaux, des bannières, des barques enguirlandées, toutes les confréries, des chants et de la musique. Avant de rentrer, la procession fera un grand contour sur mer, et le reste de la communauté ecclésiastique, avec les consuls de la ville et le restant de la population, attendra l'arrivée des saintes Reliques sur le bord de notre plage. Pour donner plus d'éclat à la cérémonie on appela des chantres de Perpignan, les musiciens les plus renommés de Prats-de-Molló, et M. l'Archiprêtre du Vallespir (alors le curé d'Argelès), fut délégué par l'autorité diocésaine pour présider la cérémonie.

« Nota del dia ce feu la receptio de las reliquias del
« glorios nostre bon patró y fill de vila sant Vicens mar-
« tyr de Coplliure ; com també de la gloriosa santa Libe-
« ratá y santa Maxima, laqual receptio fou feta als setsa
« agost 1701 ; las reliquias foren aportadas en la isla dita
« de sant Vicens aont ce diu pringué lo martiri, lesquals
« anarem a cercar ab un llaut ben acomodat en loqual
« nos embarcarem quatre beneficiats de nostre comu-
« nitat, qui forem Mⁿ F. Pejoan, Joan Arnau, Joan Oliver
« y Joseph Vilarem tots residents en dita comunitat y lo
« senyor prior Julia Marty essent consols lo M^{ch} Jaume
« Frigol, Joseph Baretja, y Jaume Cortade ; aont aná
« també la Reverenda Comunitat tota entera so es fins la
« vora del mar aont aguarda ditas reliquias ; y al trans-
« portar ditas reliquias des de la Isla fins a la vora del
« port de dita vila ce feu profasso per mar ab tots los
« menastrils y musica aont acistiran totes les confrarias
« ab llurs estandars y atxias encesas pus fou envers nou
« oras de nit losquals estandars foren distribuits cada hu
« en sa barca ab llurs atxes lo queeramolt curios a veu-
« rer, y al arribar en terra forem en un mateix temps,
« barca, gent y reliquias tots posats fins mitja platja sens
« averne sentiment ; per laqual receptio fou enviat per lo
« senyor Vicari Général lo Senyor Doctor Andreu Riera
« domer de Argelès Archiprestre del Ballespi ; ab que tot
« juns des de la vora del mar despres aver cantat lo
« psalm quam dilecta tabernacula tua Domine nos né
« anarem en la iglesia paroquial lesquals reliquias apor-
« tavem los dalt dit Pejoan, jo, lo dit Oliver, y lo dit Vila-
« rem ; y lo endema als desaset de dit mes ce feu una
« profasso général aportant totas tres reliquias y les

« aportarem axi també los dalt dits p^res. » (Registre
Arnau, page 25.)

Notre procession sur mer

Voilà bien, dans le compte-rendu précédent, l'origine et
la première des processions qui se sont faites à Collioure
dans la soirée du 16 août. Le programme de l'année 1701
est encore suivi dans ses grandes lignes, c'est-à-dire que
le matin de ce jour on apporte les trois saintes reliques
avec leurs bustes à la chapelle construite sur l'Ilot où l'on
célèbre la sainte messe ; et le soir on va les prendre et les
ramener à l'église avec solennité après avoir fait proces-
sionnellement un grand contour sur mer.

Mais on ne tarda pas à faire davantage et mieux. Les
marins de Collioure ne se contentèrent bientôt plus de
traîner la barque jusqu'à *mitja platja*, ils voulurent la
tirer à la course jusqu'au haut de la rue saint Vincent,
devant l'image antique de *Notre-Dame dels quatre Cantons*. Et pour avoir l'honneur de traîner les saintes reliques, ils adoptèrent un costume particulier : pantalons
blancs retroussés jusqu'aux genoux et nu-pieds, ceinture
en soie rouge, en manches de chemise et la tête coiffée
d'un mouchoir blanc arrangé de manière à former une
queue d'une vingtaine de centimètres de longueur sur le
beau milieu de la tête. Puis il y eût des joutes dans le
port, des courses aux canards.... etc., etc. et en ville des
cavalcades avec récitation de vers en l'honneur du saint
de Collioure, et jusqu'à la représentation scénique de la
tragédie de notre saint martyr en catalan, dont nous
avons trouvé la dernière et seule copie restante, manuscrite, dans la maison de M. Dalaris, la dernière du faubourg au Boutigné.

Diverses impressions vous saisissent pendant cette

procession, unique probablement dans le monde ; c'est
d'abord le mouvement de la mer qui vous balance agréa-
blement, en vous avançant au milieu de beaucoup de
barques et de canots, de la musique et des chants religieux. Nous avons vu quelquefois des poissons escorter
pendant longtemps le canot des saintes reliques, ne
courant pas plus que lui, se tenant toujours à la même
distance et ne disparaissant que devant les tentatives de
prise des gens de notre bâteau. Les marins disaient que
ces poissons suivaient la lumière des flambeaux, et nous,
nous souvenant des poissons qui sortaient leur tête de
l'eau pour écouter saint Antoine de Padoue, à qui ce
saint prêchait, nous disions que les poissons et les saints
se connaissent et s'aiment, et que nous devions respecter
ceux qui se joignent à nous pour faire escorte à notre
saint Vincent.

En quittant la haute mer et dès la rentrée au port, on
se trouve en face d'un spectacle magnifique : toutes les
fenêtres et terrasses du faubourg brillamment illuminées,
beaucoup de lanternes vénitiennes suspendues aux cor-
dages des barques, des lumières aux fenêtres du Château ;
et au port d'amont, les illuminations des nombreux éla-
gistes ambulants, baraques d'hercules, de jeux... etc.,
tous des gagne-petits, avec assourdissement de tambours,
grosses-caisses, orgues de barbarie, etc. Toute cette
scène illuminée ensuite de haut par de nombreuses
fusées qui se croisent en l'air et forment voûte au-
dessus du port ; toute cette réunion d'éléments divers
forment un spectacle qu'il doit être difficile de trouver
ailleurs.

Avant d'atterrir sur la plage de la ville, le canot des
Saintes Reliques se rapproche le plus possible du *Boutigné,* longe la plage du port d'availl, afin que notre saint
compatriote puisse bénir largement cette partie si inté-

ressante de la paroisse, et puis il se dirige sur le rivage de la ville, terme de son voyage en mer.

Ici se passe la scène, à notre avis la plus belle de toutes, scène digne des temps antiques.

Une multitude immense, bruyante, attend au bord de l'eau ou grimpée sur les bâteaux d'alentour, la barque des saintes reliques, et se presse pour mieux voir et entendre. Pendant qu'on amarre le canot avec le grand câble qui doit l'enlever, le Patron conducteur s'avance sur la proue, et réclame, par ses gestes, le silence à cette cohue composée de plusieurs milliers de personnes. On ne parvient pas toujours à obtenir un silence complet ; mais on a réussi quelquefois, et nous ne connaissons rien de plus imposant et de plus saisissant que ce silence à peu près absolu de cette multitude, permettant à tout le monde d'entendre l'interrogatoire du Capitaine du port.

Le personnage qui remplit cette fonction se tient debout en face de la barque de saint Vincent, et lorsque le silence s'est fait, il interpelle le Patron conducteur qui se tient sur la proue, et lui demande à haute et intelligible voix :

D. Holà de la barque ! Quelle est cette barque ?

R. C'est la barque de saint Vincent, *répond le Patron.*

D. D'où vient la barque ?

R. Elle vient de saint Vincent de l'Ile.

D. Qu'apporte-t-elle ?

R. Elle apporte les reliques de saint Vincent, sainte Maxime et sainte Libérate.

D. Y a-t-il des passagers et sont-ils en règle ?

R. Oui, il y a des passagers et ils sont en règle.

D. Que demandez-vous ?

R. Nous demandons bonne entrée.

« Al nom de Deu, bona entrada ! ! ! » crie le Capitaine du port ; et aussitôt un immense cri de *Sant Vicens Be-*

neït ! !! retentit sur toute la plage ; et la barque fend la foule à la course jusqu'à l'extrémité de la rue qui fait face au portal de la place, au milieu d'un *brouhaha* qui vous saisit et vous transporte ; et ce *brouhaha* dure bien plus d'un quart-d'heure.

Il nous a été donné de voir quelquefois cette scène du bord de la plage assez bien exécutée au milieu d'un grand silence, et nous n'hésitons pas à dire, que la course de la barque dans les rues est un spectacle bien extraordinaire mais que la scène de l'interrogatoire est bien plus belle et bien plus saisissante.

Dès que le canot de saint Vincent s'est arrêté devant la Vierge *dels quatre cantons*, le clergé est reçu très honorablement et très généreusement dans la maison Bernady où l'on a apporté d'avance chape, dalmatiques, bourdons en argent, avec la grande et belle croix processionnelle et les chandeliers aussi en argent de la paroisse, et lorsque les bustes des saints ont été enlevés du canot, la procession ordinaire se reforme, redescend la rue saint Vincent et fait le tour de la place publique où celui qui préside entonne le *Te Deum* qui se continue jusqu'à l'église. C'est là que se termine la cérémonie par le chant de l'oraison de saint Vincent, et par le baisement des Reliques.

Le canot de saint Vincent, laissé pendant quelques instants devant la Vierge aux *quatre cantons*, est ramené peu après sur la plage, et cette fois-ci ce sont les petits mousses et les gamins qui se chargent de le tirer jusqu'au port.

Le canot de saint Vincent

Le canot qui porte aujourd'hui, à la procession sur mer, les reliques de saint Vincent, sainte Maxime et sainte Libérate, a été construit en l'année 1866, par le charpentier de marine Vincent Cabot, pour le prix de

600 fr. Jusqu'en cette année (1866) les pabordes de saint Vincent louaient un bâteau de pêche; mais les exigences des marins allant en augmentant, le paborde Vincent Calvo, surnommé *Patro Malici*, fit construire notre canot actuel pour l'usage exclusif de la procession du 16 août. Il fut payé du bénéfice des danses publiques de quelques années, lesquelles danses rentraient encore alors dans les attributions des pabordes de saint Vincent, pendant les trois jours de fête de Notre-Dame d'Août.

Ce canot a reçu une hospitalité bienveillante dans la grande bâtisse appartenant à l'Artillerie située sur la place; mais après la procession de 1879, l'autorité militaire ne voulût plus lui donner asile; il fût regardé comme un meuble compromettant. Recueilli pendant les deux années suivantes, avec la boiserie des cabines, dans la bâtisse qu'on construisit adossée au château et contre le bastion Saint-Dominique, il fût chassé de ce dernier refuge par la bourrique de la municipalité; et depuis lors le canot de saint Vincent passe toute l'année sur un coin de la plage et sans aucune protection, ni contre les intempéries de l'air ni contre les insultes et les dégradations des gamins grands et petits de Collioure.

Interruption de notre procession sur mer
de 1793 à 1805.

En l'année 1712, à peine onze ans après l'établissement de la fête de saint Vincent et de sa procession, le sieur Dominique Riéra, second consul de la ville de Collioure protesta contre la solennité donnée à cette fête. La pièce suivante nous donne des renseignements complets sur cette affaire:

« *Monsieur Heuiller advocat au Parlement de Paris,*
« *soubdélégué à l'Intendance de la Province de Roussillon.* »

  « Supplient humblement le Consul premier et troisième
« de la ville de Coplioure disant que Dominique Riera,
« consul second de la mesme ville, par la requête qu'il
« vous aurait, Monsieur, présenté le deux du courant, se se-
« rait opposé à la célébration de la feste de saint Vincens,
« patron de la dite ville et aurait demandé inhibitions
« et défenses contre les suppliants pour les empêcher
« de faire aller les musiciens de la ville de Prats-de-
« Mollo pour donner un lustre à la dite feste comme
« aussi de n'excéder à l'égard de la cire pour la célébra-
« tion de la dite feste.

  « Que les raisons mesmes données par le dit Riera,
« second consul, avec sa dite requête font voir que les
« suppliants sont fondés de faire célébrer la dite feste puis-
« que luy mesme confesse qu'il aura environ quatorse ou
« quinse ans que par délibération prise par le Conseil
« Général de la dite ville feut délibéré de célébrer la
« dite feste le 17° août touts les ans aux fraix et dépends
« de la dite communauté de telle manière que par le dit
« Conseil Général feut donné faculté aux consuls de
« dépancer ce qui serait nécessaire pour la dite feste
« que les suppliants ne prétendent excéder en la dite
« festivité à ce que leurs prédecesseurs ont fait. Que le dit
« saint est natif de la dite ville de Coplioure feut mar-
« tirisé en la mesme ville, le peuple de la dite ville a une
« très grande dévotion et la plus grande consolation
« qui leur reste parmi tant de travaux est qu'on solen-
« nise la dite feste avec quelque extraordinaire estant
« constant que le peuple serait très mortifié si la dite
« feste ne se solennisait pas avec distinction estant
« constant que les années passées on a solennisé la

« dite feste avec une très grande distinction y ayant
« dépancé des sommes considérables, estant constant que
« les suppliants ne dépanseront pas au-delà de la
« somme de 60 ll. et nullement celle de 150 ll. comme le
« dit Riera a faucement exposé de telle manière que s'il
« excède la dite somme de 60 ll. les suppliants offrent de
« la payer de leurs biens propres.

« Qu'il n'est pas le zeile que le dit Riera a pour la dite
« communauté qu'il le fait agir mais il n'agit que par
« opiniâtreté et pour estre un esprit de contradiction qui
« s'oppose à tout ce qui peut faire plaisir au publich
« étant constant qu'il ne s'est opposé à la dite feste que
« parce qu'on la privé d'exercer le métier de cabaretier
« qui est un métier qui desonorerait en quelque manière
« la charge de consul et par cette raison se serait opposé
« à la dite feste aigri de la dite privation comme s'il était
« permis de faire parrallèle de la feste d'un saint à la
« privation de l'office de cabaretier ; enfin les suppliants
« ne veulent rien entreprendre ni faire aucune neuvauté
« mais seulement faire ce que les autres ont fait depuis
« quatorse ou quinse ans estant comme ils sont à couvert
« par la délibération prise par le Conseil Général.

« A ces causes par toutes les dites raisons que les
« suppliants exposent en responce de la prétention du
« dit Riera, plaise de vos Grâces Monsieur donner acte
« aux suppliants de la dite responce débouter le dit Riera
« de sa prétention permettre en conséquence aux sup-
« pliants de faire célébrer la feste du dit saint si et de la
« manière qu'on a accoustumé par cy devant offrant
« comme les suppliants offrent n'excéder pour les fraix
« de la dite feste la somme de soixante livres et au cas
« qu'ils excèdent de payer le surplus de leurs biens et
« faires justice.   Signé : « PONTICH. »

(Archives de la Mairie.)

Ordonnance de Monseigneur l'Intendant

« Veu la présente requeste, et celle à nous présentée
« par Dominique Riera second consul de la ville de Col-
« lioure, le deux du présent mois.

« Nous ayant égard à la déclaration faitte par les sup-
« pliants premier et troisième consuls de la ditte ville de
« ne vouloir rien innover dans la célébration de la feste
« de saint Vincent patron de la ditte ville, n'y employer
« à la solemnité plus grande somme que celle qui y a été
« employée depuis quatorze ou quinze ans, permettons
« aux dits suppliants en la qualité qu'ils agissent de faire
« célébrer la ditte feste en la manière accoutumée, à la
« charge par eux de se conformer à l'usage ordinaire et
« tel qu'il a été observé par les cy-devants consuls de la
« ville de Collioure pendant les quatorze ou quinze der-
« nières années.

« Fait à Perpignan le 8 août 1712. »

Signé : « HOUILLIER. »

(Archives de la mairie)

La campagne ouverte par le second consul de la ville
ne réussit donc point en l'année 1712. Sous le prétexte
d'économie, c'était le dépit qui faisait agir le sieur Dominique Riéra; les autorités supérieures le comprirent
ainsi et autorisèrent la continuation de la fête tout en
interdisant une augmentation de frais de la ville.

Les chantres de Perpignan, seuls, avaient coûté à la
ville, en 1701, la somme de 61 fr. 10 sous. « Item te donat
« al senyor Joan Riera per lo que se gasta per anar a
« cercar y tornar los cantors a Perpinya y pagar llurs
« salaris per fer las festas de las sanctas reliquias de
« sant Vicens, santa Maxima y santa Liberata, sexante
« un franc deu sous 61 fr. 10 sous.

(Reg. A de la mairie, page 102).

En 1716, nous trouvons l'achat d'un mouton pour les jouteurs du port, et rien qu'une *mitja cobla* de musiciens :

« Item (pagat, sous-entendu) a Pere-Martir Felix per un
« moltó vene als senyors consuls de pes de tretze lliures
« y mitja loqual se doná als qui feren las Juntas per las
« festas de Nostra-Senyora de Agost en lo any 1716....
« 6 fr. 15 sous.

« Item per la lloga de la mitja cobla durant tres dias en
« ditas festas... 15 fr. »   (*Reg. A de la mairie, page 201*).

En 1722, il est fait mention de deux sermons comme faisant partie du programme payé par la ville, avec les violons et la cire.

« Item al senyor consul Oriol per la festa del glorios
« sant Vicens nostre patró ço es per la mitja cobla, vio-
« lons, dos sermons, cera, pa beneït y permissio de la
« professo del mar, apar ab rebuda dels 9 novembre 1722
« 42 fr.   (*Même Reg. page 249 retró*).

Cette fête de saint Vincent, avec sa procession sur mer, s'est toujours faite incontestablement jusques et y compris l'année 1791. Elle se fit aussi en 1792, mais en l'absence des prêtres légitimes de la paroisse et par les soins de prêtres jureurs ou assermentés dépourvus de toute autorité régulière et légitime.

Les prêtres constitutionnels ou jureurs arrivèrent dans la paroisse au nom de la révolution et tenant d'elle seule eurs pouvoirs, et le lendemain, 14 juin 1792, on défend au pasteur légitime M. Satgé, et à ses deux vicaires **MM**. Compristo et Millet, l'exercice de toutes fonctions publiques.

« Copie fidèle de l'injonction faite au curé soussigné de
« la part de la municipalité, par Abdon Gource huissier de
« la municipalité, dont l'original reste en notre pouvoir:

« Nous, maire et officiers municipaux de la commune de

« Collioure soussignés, enjoignons au sieur Satgé faisan
« les fonctions de curé en cette ville, ainsi qu'aux sieurs
« Compristo et Millet exerçant celle de vicaire, à, le pre-
« mier pour tous de suspendre toutes fonctions publi-
« ques jusqu'à ce qu'il en sera autrement par nous requis.
   « Fait en la maison commune de Collioure le 14 juin
« 1792, l'an 4e de la liberté, Vincens Comes maire, Malè-
« gue officier municipal, Baretja officier municipal,
« Sola officier municipal, Gerbal officier municipal.
   « L'écrit ci-dessus est conforme à son original.
         « Fait à Collioure, le 14 juin 1792.
            « *Signé*: SATGÉ, Curé. »
(Autographe de M. le curé SATGÉ, trouvé au presbytère.)

Ne se trouvant plus en sûreté dans leur patrie nos
prêtres fidèles sont obligés de s'expatrier :

   « Me resolgui a las oras de escaparme ab un altre sacer-
« dot lo Reverend Bernard Frère, despres de haber-nos
« prohibit tota foncio ecclesiastica, y lo dia 8 de juliol 1792
« accompagnats de cinq personas, marxarem en España
« passant per la montaña de la Massana... etc. »

   (Manuscrit de M. Millet à la fin du Registre Arnau).

et arrivés au haut de *las costes* ils coiffent le bonnet rouge
catalan pour éviter d'être reconnus.

   Cependant il fallait bien, même sans pasteur légitime,
continuer de faire la procession de saint Vincent; le
peuple se serait plaint; on y tenait trop.

   Alors le même maire et ses officiers municipaux qui
ont notifié à leurs prêtres légitimes leur déchéance
devant la République, demandent à l'évêque constitutionnel de Perpignan la permission de continuer à faire
la procession de saint Vincent. Cet évêque constitutionnel
était M. Deville, que la révolution trouva curé de Saint-
Paul-de-Fenouillet, et dont elle fit un évêque à sa façon,

précisément à cause de sa révolte contre l'autorité du Souverain-Pontife.

Nous ne pouvons résister au plaisir de citer l'apprécia_ tion de M. l'abbé Millet sur ce personnage :

« ....y lo parroco de Sant-Pau de fenollet fou introsat
« en la Silla de Elne, loqual per formar lo seu consell,
« feu tingut de prendrer frares apostatas, y molts pochs
« foren los parrocos que lo regonegueren.

« Enviá a totas parts una circular per llegir-la en la
« missa major. Jo me refusi a llegir-la havent-me la pre
« sentada lo senyor Comas procurador de la communa a
« la ausencia del senyor Joan-Baptiste Satgé, prior de
« esta iglesia. »

Voici la lettre de nos municipaux :

« M. Deville, Evêque du département des Pyrénées-
« Orientales, à Perpignan.

« Monsieur, cette commune étant depuis un temps
« immémorial dans l'usage de faire le 16 août une pro-
« cession sur mer avec les reliques de saint Vincent et
« celles de sainte Maxime et sainte Libérate, avec l'as-
« sistance du curé et vicaire (et ci-devant toute la com-
« munauté ecclésiastique et consuls) tous les habitants de
« cette commune ayant pour cette procession une grande
« dévotion et vénération, nous osons espérer, Monsieur,
« que vous permettrez qu'elle se fasse ainsi qu'il s'est
« toujours pratiqué ; vous promettant de notre côté d'y
« faire maintenir le bon ordre et le respect dû à notre
« sainte Religion.

« Les vœux de cette commune et les nôtres seraient
« complets, si vous daigniez y assister en personne. C'est
« la grâce à laquelle nous osons nous attendre de votre
« part.   « Les officiers municipaux........ »

(Archives de la Mairie.)

Tout porte à croire que l'autorisation fut accordée et que la procession se fit encore en cette année 1792 ; mais elle se fit avec l'assistance de prêtres assermentés et intrus, privés, par là même, de toute autorité et juridiction.

Et pendant le plus fort de la tempête révolutionnaire, que devinrent nos Reliques ?

Le document suivant dressé par notre prédécesseur répond à cette question :

« Il est de notoriété publique que les reliques qui exis-
« tent aujourd'hui encadrées dans les bustes de saint
« Vincent, de sainte Maxime et de sainte Libérate sont les
« mêmes que celles qui existaient avant la révolution,
« ainsi que le coffre où est enfermée la Relique Insigne
« de saint Vincent.

« Au commencement de la révolution, le gouvernement
« s'empara de l'église et la destina à devenir un maga-
« sin de fournitures pour la troupe. Le représentant de
« l'autorité civile, M. Malègue, qui n'était pas hostile, et
« qui avait déjà procuré les moyens de sauver toute
« l'argenterie de l'église en l'expédiant à Barcelone, fit
« enfermer les susdites reliques ainsi que les bustes et
« le coffre de la Relique Insigne de saint Vincent, dans le
« grand placard de la sacristie, dont l'usage fut interdit
« aux fournisseurs, et dont la clef resta au pouvoir de
« l'autorité ; de plus, sur les panneaux de ce grand pla-
« card furent apposés des scellés que l'on trouva intacts,
« à la restauration du culte.

« Plusieurs anciens ont été témoins de la levée des
« scellés, et ont assuré que les dites reliques et les bustes
« étaient tels qu'ils y avaient été déposés.

« Ils ont fait connaître à leurs enfants la manière qu'on
« avait employé pour les conserver et les garantir, et
« ceux-ci se rappellent avoir vu les débris et les marques

« des scellés apposés sur les panneaux du placard sus
« dit.

« Le présent mémoire a été signé par moi, curé de la
« paroisse, et par les personnes qui tiennent les faits de
« leurs parents, et qui ont vu les débris et marques des
« scellés.

    « Collioure, le 20 avril 1868.

« *Signés*: Vilar chanoine honoraire curé, François Da-
« laris, Caloni Jean, Louis Ferrer, Ferrer Vincent, Py
« André, Joseph Oliver, Jean Frère, Francès Jean, Jean
« Cortade, Gillan S., Ribeil Etienne. »

(Extrait du mémoire sur l'identité de nos reliques,
adressé, sur demande, à l'autorité diocésaine).

Les trois bustes de saint Vincent, sainte Maxime et
sainte Libérate avec notre Relique Insigne durent rester
enfermés dans le placard de la sacristie jusqu'au jour de
l'installation d'un nouveau curé dans la paroisse, M. le
curé Satgé étant mort dans son exil: cette nouvelle installation se fit le 1er juillet 1803.

« Lo dia 5 septembre 1802, deixi la España ab la major
« pena per venir veurer las pennatas de esta vila de
« Coplliure ; arrivi a Perpiña lo die 6, marxi lo die 7 per
« Coplliure........ nos detingueren en esta vila fins lo
« die 10, y despres anaren....... etc. y com en la fi de
« decembre, lo Illustrissim Senyor Bisbe Arnalt de la
« Porte arriva en Perpiña, per sa receptio fou forsat
« venir en ella, y me donna lo certificat de unio ab ell,
« testimoni del qual necessitam tots per fer liquidar
« nostre pensió. Lo dit Illustrissim parti de Perpiña lo
« 1er janer 1803 sens venir en Coplliure: ab tot vingué en
« lo departament en lo mes de juñy per organisar las
« parroquias y se presentá en Coplliure als 31 juñy
« per donar possessio de la succursale de esta vila al re-
« verend Domingo Escape sacerdot de prendas y de un

« merit superior ; la possessio tingué lloch lo dia 1er de
« juliol, dia en que celebrárem la feste de sant Pere.

  « Lo senyor maire traita lo Illustrissim y forem en lo
« dinar vingt y dos de taula, saber lo Illustrissim, son
« secretari, lo dit reverend Domingo Escape, dos reve-
« rends Berge y jo : lo senyor General de la provincia
« que se trobava en esta vila, y altres officials en grau
« superior : lo senyor maire, adjoints y altres senyors de
« distinctio de la communitat secular.

  « Lo dit Illustrissim antes de partir de esta vila desi-
« gna per vicaris lo reverend Jaume Berge, y jo Antoni
« Millet qui he fet la dita memoria. »

(Registre Arnau.)

  Cependant la procession sur mer ne fut reprise qu'en
l'année 1805. Ce qui le prouve, c'est une lettre au Maire
de Collioure en date du 6 août 1805 (voir à la mairie,
Correspondance Sous-Préfectorale de 1800 à 1809), dans
laquelle le Sous-Préfet de Céret lui fait part d'une pétition
des marins de Collioure demandant à faire la procession
de saint Vincent sur mer comme autrefois.

  La permission fut indubitablement accordée par toutes
les autorités compétentes, mais elle prouve que notre
procession sur mer a subi une interruption de douze
années, années bien malheureuses pour l'Eglise et pour
la France ! ! !

Notre procession sur mer présidée par des Evêques

  Notre procession du 16 août sur mer a été honorée de
la présidence de Monseigneur Gerbet l'année 1856, et
et de celle de Monseigneur Ramadié en 1865. Nos Illus-
trés Evêques furent enchantés, enthousiasmés.

  L'enthousiasme de Monseigneur Gerbet pour notre
procession a été consigné dans le bel ouvrage de Mgr de

Ladoue, ancien vicaire-général de Perpignan , *Monseigneur Gerbet, sa vie, ses œuvres et l'école Menaisienne*.

Le biographe de notre grand évêque dit, en effet, dans son tome troisième, page 56 et 57 :

« Un autre corps saint, qui est aussi, depuis de longs
« siècles, en possession de la vénération des fidèles, est
« celui de saint Vincent, dont la fête donne lieu tous les
« ans à une démonstration d'un caractère vraiment
« curieux. Monseigneur Gerbet qui avait voulu la présider
« n'en parlait qu'avec enthousiasme; il n'avait disait-il
« vu nulle part une cérémonie aussi émouvante.

« A quelques mètres du rivage de la mer, en face de
« Collioure, charmante petite ville, célèbre par ses vins,
« s'élève un îlot couronné d'une chapelle dédié à saint
« Vincent. Le 15 août, à neuf heures du soir, une proces-
« sion maritime part de la chapelle et se dirige, à la lueur
« des torches, vers l'église de la ville pour y transporter
« le corps du saint martyr. Après un long circuit dans la
« baie, les bateaux arrivent sur la plage. Dès que le
« dernier bateau, sur lequel se trouve la châsse et aussi
« l'officiant, a touché le rivage, des hommes se saisissent
« des cordes, le halent à terre et le traînent ainsi, soute-
« nus par les marins, le long de la plage et dans la ville,
« à travers une double haie de réchauds de pêcheurs
« fichés en terre, dans lesquels brûlent des douves de
« barils de poix et de goudron... Mais ce n'est là que le
« côté en quelque sorte matériel. Comment exprimer la
« foi, la piété, l'enthousiasme des habitants!... Heureux
« les peuples qui tournent ainsi du côté du ciel les senti-
« ments les plus vifs, les plus ardents du cœur humain!»

Nous avons voulu citer ce passage de Monseigneur de Ladoue uniquement pour signaler l'enthousiasme devenu historique de Monseigneur Gerbet et non pour y relever quelques petits détails erronés insignifiants.

La chapelle de saint Vincent de l'Ile

Il fut décidé dans le programme de la fête de 1701, que les saintes Reliques seraient déposées toute la journée du 16 août sur le rocher de l'Ile *aont ce diu pringué lo martiri* notre saint compatriote.

Cette disposition impliquait nécessairement la construction d'un abri quelconque sous forme de chapelle pour garantir les saintes Reliques.

On ne pouvait en effet les laisser exposées toute la journée au soleil, au vent ou à la pluie possible.

D'autre part, les plans divers de la ville de Collioure, et de ses environs, dressés en 1642, par Cochin et par le sieur de Beaulieu-le-donjon, cartes conservées au Louvre, partie des plans et cartes militaires, ne signalent aucune construction sur ce rocher tandis qu'elles montrent encore sur pied la vieille chapelle de l'antique Léproserie au *Coll de Sant Llatze.*

C'est donc de 1701 que date la première Chapelle construite sur le rocher de l'Ile. Cette première construction fut démolie par les vagues en l'année 1741, et, d'après le témoignage de plusieurs anciens, le 26 janvier, jour de la Saint-Polycarpe.

Par délibération du Conseil Général de la Ville en date du 30 juillet 1741, (dont l'original se trouve en l'étude de M⁰ Triquéra), il est décidé qu'on reconstruira la chapelle de saint Vincent de l'Ile, détruite par un coup de mer, et qu'on emploiera à cette œuvre les cent cinquante livres accordées par le Roi en dédommagement des dégats subis à Collioure par une grêle en 1739.

Nous n'avons jamais lu ni entendu dire qu'aucune messe ait été dite dans cette chapelle en dehors de celle du 16 août: et il n'est pas à croire que la célébration de cette messe remonte jusqu'à l'année 1701 ; M. l'abbé Arnau, qui nous a laissé le compte-rendu si détaillé de la première fête n'aurait pas manqué, ce nous semble, de mentionner la célébration de la Sainte-Messe à l'Ile.

Nous sommes donc d'avis que la célébration du Saint-Sacrifice sur le rocher de saint Vincent, n'est pas antérieure à la construction de la chapelle actuelle.

Par suite des travaux qui viennent de s'exécuter dans notre port, la passe qui séparait l'Ile de notre église paroissiale a été comblée, et il nous a été donné de pouvoir nous rendre à pied sec célébrer les Saints Mystères à la chapelle de l'Ile, le 24 septembre 1883, jour de la fête de Notre-Dame de la Merci.

BOUQUET

Notre œuvre ne peut se terminer plus dignement qu'en offrant au lecteur comme Bouquet les vieux *Goigs* de notre saint martyr; les convenances et l'usage même nous en font un devoir :

.Coronat de resplendor,
En lo Cel gozau la gloria,
Teniunos en la memoria,
Vicent, martyr del Senyor.

Vostra patria venturosa
Fonch la vila de Copllioure,
En ella volguéreu viurer,
Perqué restas mes dixosa,
De mols mals Deu nos deslliura,
Essent vos lo protector, etc.

Vos nomenáren Vicent,
Ab auspici singular,
Volent nos Deu declarar
Que vindríeu en lo temps,
Sobrepujar los torments,
Restant en ells vencedor, etc.

Segons refereix l'historia,
Fóreu casat ab Eladia,
Muller virtuosa y sabia,
Que ab vos goza de gloria,
Per celebrar sa memoria,
Cantem també sas llaors, etc.

Vostre empleo y exercici,
Fonch sempre assistir als pobres
Corregin de tots lo vicis,
Ab effectes amorosos;
Lo premi de tantas obras
Vos guarda lo Redemptor, etc.

De vostres virtuts la fama
Prestament se divulguá,
Y en odi la gent Pagana
Vos accusá á Déciá,
Y, essent Pretor, ordená
Que fósseu pres ab rigor, etc.

Posat en son tribunal,
Fortament vos accusáren,
Que los Idols menespreant,
A Jesu-Christ adorábeu,
Molt constamment confessáreu
Qu'era nostra Redemptor, etc.

Molt irritat lo Pretor,
Sentencia ha pronunciada;
Qu'en la Isla fósseu mort
De una cruel punyalada;
Al costat vos l'ha fixada
Lo botxi ab grand furor, etc.

No pará la crueldat
En assó, pus va manar
Que no fósseu enterrat,
Sinó llensat en lo mar;
Mes fonch vostre cos guardat
Per voluntat del Senyor, etc.

Vostre gloriós martyri,
Fonch als desanou de abril;
Deu vos coroná de rosas
Y de las flors mes gentils;
En lo jardi dels húmils
Collocantvos ab honor, etc.

Lo malalt qu'ent vos espeia,
Prest alcança la salut;
Los navegants en tormenta,
Troban ab vos port segur;
En lo mar y en la terra,
Als devots donau favor, etc.

TORNADA
Tot Coplliure humilment
Vos suplica, ab gran fervor,
Qu'ens tingau en la memoria,
Vicent, martyr del Senyor.

AU TEMPS PASCAL. ℣. *Pretiosa in conspectu Domini, Alleluia.* ℟. *Mors sanctorum ejus, Alleluia.*

HORS DU TEMPS PASCAL. ℣. *Gloria et honore coronasti eum, Domini.* ℟. *Et constituisti eum super opera manuum tuarum.*

OREMUS. *Da nobis, quæsumus, omnipotens Deus, adversa mundi, invictâ mentis constantiâ tolerare, qui beatum Vincentium nec nimis terreri, nec pœnis passus et superari. Per Christum Dominum nostrum.*

Observation importante

Nous avons dit que nos *Goigs* traditionnels sont pour nous la voix des siècles passés; et de ce qu'ils ne contiennent plus certaines expressions usitées au XIV⁴, XIII⁵, XII⁵ et même aux siècles antérieurs, il ne faudrait point conclure contre leur haute antiquité. Il est, en effet, incontestable que tous les *Goigs* de notre pays ont vu quelques-unes de leurs expressions par trop vieillies, incomprises, ou même malsonnantes pour les générations plus modernes, révisées par l'autorité compétente, et remplacées par les expressions les plus synonymes usitées à l'époque de leur révision.

C'est ainsi que dans nos *Goigs* de saint Vincent certaines expressions ont été corrigées même de notre temps.

En l'année 1877, les feuilles de nos *Goigs* étant épuisées il fallut demander à un imprimeur une nouvelle édition, mais l'administration diocésaine ne laissant point réimprimer aucun *Goigs* sans les soumettre à des hommes compétents, M. l'abbé Garretta, vicaire-général et excellent catalaniste se chargea de la révision de nos *Goigs* de saint Vincent et remplaça quelques mots trop surannés, tout en respectant avec un scrupule religieux le sens non-seulement de chaque couplet mais encore celui de chaque vers lui-même. C'est ainsi incontestablement que ce sont faites toutes les révisions de nos *Goigs*: et on comprend que dans une série de siècles chacune de ces antiques poésies aient dû, sans changer aucunement d'idée, délaisser les expressions des siècles écoulés pour adopter les termes généralement admis.

Et pour conclusion, nous maintenons que les expressions modernes qui peuvent se trouver dans nos *Goigs* ne sauraient être invoquées contre l'antiquité bien grande de cette voix authentique de longs siècles passés.

Collioure, le 1ᵉʳ Mars 1885.

ROLLAT, Curé.

TABLE DES MATIÈRES

                                                                    Pages

Saint Vincent de Collioure et son culte dans sa paroisse natale   7
Témoignage du Martyrologe romain   8
Témoignage de la possession du culte public toujours rendu à Collioure 17
Témoignage des historiens 19
Témoignage fourni par la paroisse de Collioure 22
Saint Vincent de Collioure et nos historiens roussillonnais modernes 26
Les actes du martyre de saint Vincent de Collioure ont été complétement perdus 36
Acta suspecta ex m.s. Segobiensi excusa a Tamayo de Salazar 37
Les reliques de saint Vincent de Collioure 44
Reliques de saint Vincent possédées avant l'occupation française et emportées en Espagne 46
Nos reliques actuelles, leur provenance, leur culte 48
Notre Relique Insigne de saint Vincent 50
Translation de la Relique Insigne de saint Vincent en 1869. 52
Modification importante survenue naturellement à notre Relique Insigne 55
Nos reliques de saint Vincent, sainte Maxime, et sainte Libérate, encadrées dans leur buste respectif 56
Notre procession sur mer en 1701 58
Le canot de saint Vincent 61
Interruption de notre procession de 1793 à 1805 62
Notre procession sur mer présidée par des Evêques 71
La chapelle de Saint-Vincent de l'Ile 73
Bouquet (Goigs) 75
Observation importante relative aux *Goigs* 76

www.ingramcontent.com/pod-product-compliance
Ingram Content Group UK Ltd.
Pitfield, Milton Keynes, MK11 3LW, UK
UKHW031816170726
13836UKWH00003B/1442